# 自発的対米従属

## 知られざる「ワシントン拡声器」

猿田佐世



角川新書

# はじめに

## トランプ氏当選で動揺する日本政府

二〇一六年十一月八日、ドナルド・トランプ氏がアメリカ大統領に当選し、世界中に衝撃が広がった。

同盟における負担が少ないと日本批判を繰り返し、駐留経費を支払わなければ在日米軍は撤退する、日本の核兵器保有は容認、といった発言を繰り返してきたトランプ氏の当選に、日本での衝撃も相当なものであった。

日本で日米外交を担う人々は、これまで、数の少ないワシントンの「知日派」と言われる対日外交に影響を及ぼしてきた日本専門家を窓口にしておけば、多くのことは事足りた。しかし、これら知日派たちはトランプ陣営に誰一人入っていなかった。

得体の知れないトランプ氏に、現在の日本の骨格といってもよい日米同盟を任せねばならないこととなった日本政府には、この激震に冷静に対応する余裕はなかった。「彼のスタッフで誰が政策に詳しいのか想像もつかない」といった言葉が政府高官から漏れる中[*1]、とにかくトランプ氏が何を考えているどんな人物かを知る必要がある、と、安倍《あべ》首相との面談が設定され、首相はトランプ氏のところに飛んでいった。

そして、トランプ氏との面談で安倍首相は既存の日米関係の「素晴らしさ」を氏に訴え、面談後「トランプ氏はまさに信頼できる指導者だと確信した」[*2]などと、日本と世界にアピールした。多くの日本メディアもこれを評価した。安倍首相は、その後もオバマ大統領と真珠湾《しんじゅ》を訪問し、「日本と米国は、歴史にまれな、深く、強く結ばれた同盟国」[*3]と表明するなど、既存の日米関係は大変素晴らしいと発信を続け、トランプ氏がこれまでどおりの日米外交へと路線変更するよう最大限のメッセージを送り続けている。

安倍首相や日本政府、あるいは、米側でも知日派など、これまでの日米外交に利益を見出してきた人々にとっては、既存の日米関係は変わってもらっては困るのである。

**既存の日米外交は本当に素晴らしいものであったのか**

しかし、ここで考えてみたい。

今までの日米外交はそれほどまでに良いものであったのか。

私は、トランプ氏の発言の多くには賛成しない。繰り返されてきた差別発言を含む暴言はもちろん、外交に関する氏の無理解に基づく発言や、あるいは確信犯的になされているとしても極めて不合理な発言や強行的な政策の多くは、私の価値観からは受け入れられるものではない。多くの日本人がトランプ氏の外交方針に懸念を抱き、不安を持つことについては、私も同様の気持ちである。

もっとも、そのことは、今までの日米外交がベストの状態にあったということは意味しない。

基地に苦しむ沖縄の現状や、中韓との関係がいつまでも良好にならない現状だけ例に取り上げても、これまでの「米国一辺倒」がすべての外交判断の中心にくる日本の外交政策に、数多くの問題が含まれていることは明らかである。

その意味で言えば、このトランプ氏の大統領就任の激震は、日本の我々が「対米従属」だけを判断指針にすることができずに自ら外交・安全保障の政策を判断しなければならなくなった戦後初めての機会とも言える。だからこそ、日本の外交・安全保障のあるべき形について国を挙げて議論をしていく、大きなきっかけとしうる出来事なのである。

外交問題だけではない。日米関係は、日本社会のありとあらゆる場面に強い影響を及ぼしてきた。一般に国内問題だと考えられている憲法改正や原発の再稼働などの問題についても、消費税増税や古くは郵政民営化などについても、さまざまな場面でアメリカが日本に影響を及ぼしており、その影響力は極めて大きい。

トランプ大統領の登場は、これらすべての問題について、アメリカとの関係を客観的に振り返りながら、真に日本のためになる政策はどのようなものであるかを考え直すきっかけにできるかもしれない。本来、トランプ氏が登場しようとしまいと、そういった思考を持ったうえで議論を重ねて日本の政策は決められねばならなかったのだが、これまではあまりに対米従属という指針が強すぎ、自主的な判断が阻害されていたのが現実であった。

**世論を反映しない既存の日米外交**

トランプ氏の当選直後、マイケル・グリーン氏はこう述べていた。

「日本では極右も極左も反米主義のコメンテーターはこぞってトランプの勝利を歓迎し、これを機にアメリカから距離を置くべきだと主張している」*4

グリーン氏は、これまで大変強い影響力を有してきた代表的な知日派である。私はワシントン留学時代に氏の授業を取っていた教え子でもあるが、彼は、共和党系《きょうわ》で、日米外交についてはいわゆるタカ派に属する考え方をもっており、安倍首相の影の補佐官ともいわれたこともあるほど自民党《じみん》政治家との人脈も深く、既存の日米外交を強く推進する立場にある。

私も、このトランプ・ショックを、改めてアメリカとの関係を客観的に振り返る機会にすべきと考えている。

初めから「距離を置くべきだ」と結論を出す必要は、けっしてない。トランプ氏の勝利を歓迎しているわけでもない。しかし、これを機に、日米関係がいかなるものであるべきなのか、過去を振り返り、今後の日本の安保・外交のあり方、あるいは国内政策も含めた国のあり方を模索しよう、というのは、冷静な考えであると思う。

特に、既存の日米外交が日本に届けてきた「アメリカの声」が日本世論と乖離《かいり》するものばかりであったことからも、この機会に日米関係の振り返りがなされてしかるべきものである。

これまで「アメリカの声」として日本に届いてきた典型的な声は、極めてシンプルである。周知のとおり、沖縄の辺野古《へのこ》への基地建設の問題であれば「早く基地建設を」、安保法制であれば「早く制定を」「早く派兵を」、憲法九条であれば「早く改正を」、原発であれば「原発ゼロ反対」「早く再稼働を」、というものであった。

しかし、日本の世論調査は、この「アメリカの声」と異なる結果を出してきた。

例えば、辺野古基地建設についての世論調査では、普天間基地は「計画通り移設すべきだ」が三六％に過ぎないのに対し、「計画を見直すべきだ」は四七％であった。全国的な反対の中、強行採決により成立した安保法制については、その成立を「評価しない」が五四％、「評価する」が三一％であったし、原発の再稼働についても「進めるべきでない」が五八％、「進めるべきだ」が三〇％である（以上、日本経済新聞社　二〇一五年四月二〇日）。なお、憲法九条の改正についても「これまで通り、解釈や運用で対応する」が三八％、「第九条を厳密に守り、解釈や運用では対応しない」が二三％であり、「解釈や運用で対応するのは限界なので、第九条を改正する」は三五％に過ぎなかった（二〇一六年三月一七日　読売新聞社）。

これらの国のありかたを大きく変えうるテーマにおいて、相当割合の国民の声が、典型的な「アメリカの声」に反することは明らかだ。

典型的な「アメリカの声」の発信源となってきたアメリカの知日派は、アメリカの中の少人数の集まりにすぎない。しかも、その限られた人たちに情報と資金、そして発言の機会を広く与え、その声を日本で拡散しているのは日本政府であり日本のメディアである。日本の既得権益層が、いわば一面「日本製の〝アメリカの外圧〟」ともいえるものを使って、日本国内で進めたい政策を日本で進める――。これが長年続いた手法となっているのである。このように、日本も関与したアメリカからの外圧作りを私は「ワシントンの拡声器効果」を利用するものと表現してきた。

もちろん、日米外交をもち出すまでもなく、右に挙げたような世論調査とは逆の方向を推し進める国会議員を当選させ、彼らが国会の中で多数派を占めていることが、これらの世論と政治の乖離の直接の原因ではあるが、我々が気がつかぬまま、日本の既得権益層は、日米外交をその一つの手段として、自らの成し遂げたい政策を実現するために用いてきた。日米外交における東京のカウンターパートであるワシントンには、極めて一面的な情報しか日本から伝えられてこなかったのである。

しかし、右の世論調査の結果を見ればわかるとおり、今までの日米外交が推進してきたことは、日本の極めて重要なテーマについて、世論から乖離する場面も多い。であれば、トランプ大統領登場という激震を一つのタイミングとして、改めて日米外交のあり方およびアメリカとのかかわり方を考える機会にするというのは、極左・極右の立場に限られる議論ではない。

二〇一七年二月十一日、ワシントンで、トランプ新大統領と安倍首相の初の首脳会談が行われた。七カ国からの入国禁止の大統領令をはじめとする、トランプ大統領の「アメリカ・ファースト」方針に世界各国が距離を置く中、安倍首相はトランプ氏と固い握手を交わした。安倍首相は、三月のドイツ訪問でも、メルケル首相にトランプ氏の考えを伝える意向を持つなど、アメリカのトランプ政権と各国との橋渡し役を務めたいとの姿勢である*5。「自発的対米従属」をいつまで続けるつもりだろうか。

本書に述べるとおり、トランプ政権相手の日米関係は放置しておけばこれまでより状況が悪化する可能性も高いものである。このような状況からしても、日米外交が揺れ動くこの機会に、どのような解を日本が持ちうるのかという議論は極めて重要である。

**日米外交の課題と、どう向き合うか**

私は、個人として、また事務局長を務めるシンクタンク「新外交イニシアティブ（ND）」を通じて、現在の日米外交を変え、広く日本に存在するさまざまな声がアメリカに届くように、そしてまたその逆方向に、アメリカに存在するさまざまな声が日本に届くようにと、政策提言を行い、市民外交はもちろんのこと、国会議員外交や地方自治体外交を推進してきた。沖縄の方々の訪米活動をサポートしていることから、筆者やNDを知った読者の方もいるだろう。

外交も国の政策である以上、民主主義が、そして時には、憲法の下、少数者の声ですら活《い》かされねばならない場面があるはずである。

これまでの日米外交は、あまりに閉ざされた空間の中で一部の人たちが動かすものであって、そこに多くの日本の一般の市民の視点はなかった。そこに少しでも、日本の多様性と民主主義的視点が届けられれば、というのがNDの取り組みである。

NDでは、幅広い層の声が外交に反映されることを望みながら、専門家の力を借りつつ多くの方がかかわることが可能な議論の場を数多く作ってきた。また、研究会を開催し、提言を行い、その提言を直接に米政府や米議会へ運び、日本・沖縄の市民の声を反映すべく他の人々の訪米ロビーのサポートなども行い、政府による外交以外の、議員外交、地方自治体外交、市民外交、といったものが実現するようにと努めてきた。

では、トランプ氏が大統領となった今、どのような取り組みが求められるのか。具体的なこれからの働きかけについて、アメリカの議員の誰がトランプ氏に近いのだろうか、沖縄の基地問題は誰がカギを握るのだろう、そんな視点で米国政治を見ながら日々頭を悩ませているところである。

しかし、トランプ政権がどのような形に落ち着くにせよ、今後は、外交においても社会の幅広い層を巻き込んだ取り組みがさらに重要になってくるだろう。特にこのことは、日本政府が既存の外交にトランプ氏を引き戻そうと必死になり、トランプ氏の側もタカ派で安保担当者の人事を固めた現在の状況を見ると痛感する。

アメリカは多様性の国であり、そこには様々なバックグラウンドの人が存在する。現在トランプ氏が進める政策からは皮肉なことではあるが、今回の大統領選挙にもそれがよく表れていた。出身のルーツや肌の色についても、宗教についても、経済格差についても、きわめて多様な人々がアメリカで生活している。トランプ氏の当選とバーニー・サンダース氏の大旋風だけを見てもわかるように、実に幅広い声がアメリカには存在する。「トランプ氏のアメリカ」と言っても、多様な人々が集まるアメリカなのであり、広く各層がかかわる形での外交が、今後の日米外交では重要である。

この点を重視して取り組んでいかなければ、既存の日米外交で露呈していた多くの問題点が、トランプ政権下で悪化することはあれ、改善されることはないだろう。

本書では、私がワシントンでのロビイングを通じて見聞した経験を織り交ぜつつ、まずは、従来の日米外交の問題点を提示したい。これまで日本の政治に大きな影響力を及ぼしてきた少人数の知日派と、日本の政治家やマスコミなどが、互いを利用し合い政策を日本において実現していくという、ある種の共犯関係に基づいた「自発的対米従属」とも「みせかけの対米従属」とも言える状態が、戦後七十年間続いてきた。その仕組みをご紹介する。

続けて、トランプ大統領の下で日米外交がどうなるか、これまでの外交に既得権益を有していた人たちがどのように既存の日米外交を維持しようとしているかなど、日米外交をめぐって現在進んでいる事象について説明し、分析を行う。

そして、戦後初めて、日本が「対米従属」を唯一の判断基準とすることができなくなっている現在、この状況に日本がどのように立ち向かい取り組むべきなのかについて述べる。ロビイングの実態や訪米活動の方法も紹介し、また、国際社会においてこれからの日本がめざすべき道についても具体的な提案を示す。
私たちが真剣に考えなければならない課題は多く、けっして楽な道ではない。
日々状況は変化し、数ヶ月後には、トランプ政権から厳しい対日要求が突きつけられ、それを日本政府が丸呑《まるの》みする、といった事態すらおきかねない。トランプ氏当選を受け、急遽《きゅうきょ》このような書籍を執筆することになった私であるが、危機感をもちながらこの原稿を書いている。

トランプ大統領を迎えて日本の私たちは何をすべきか、現在の日本外交を変えるためにはどうすべきか。日米外交をあらたな視点で捉《とら》え、新しい関係を紡いでいくために、本書が少しでもお役に立てば幸いである。

【出典】
＊1　「東京新聞」　2016年11月10日
＊2　「朝日新聞デジタル」　2016年11月9日
http://www.asahi.com/articles/ASJCL5DYYJCLUTFK016.html

＊3　首相官邸ホームページ　「平成28年12月27日　米国訪問　日米両首脳によるステートメント」
http://www.kantei.go.jp/jp/97_abe/statement/2016/1227usa.html
＊4　「ニューズウィーク日本版」　２０１６年11月16日
http://www.newsweekjapan.jp/stories/world/2016/11/post-6340.php
＊5　「朝日新聞デジタル」　２０１７年2月14日
http://www.asahi.com/articles/ASK2G3CV4K2GUTFK005.html

# 目次

## はじめに　3



## 第一章　外交は劇である　25

## 第四章　今後の日米関係の展望　167



## 第五章　外交・安全保障における市民の声の具体化のために　197

※文中の人物の肩書は二〇一七年二月十日現在のものです。

# 第一章　外交は劇である

## 真珠湾の一大セレモニー

二〇一六年十二月二十七日（日本時間二十八日）、安倍晋三《しんぞう》首相はオバマ大統領とともに真珠湾（ハワイ州ホノルル）を訪問した。二〇一六年は、旧日本軍による真珠湾攻撃から七十五年の節目の年であった。

安倍首相は、真珠湾攻撃で沈没した戦艦アリゾナの真上にある「アリゾナ記念館」で、真珠湾攻撃による犠牲者の名前が刻まれた大理石の壁に向かい、オバマ大統領とともに黙《もく》禱《とう》を捧《ささ》げた。

その後、真珠湾に面した埠頭《ふとう》での演説において、旧日本軍による真珠湾攻撃から始まった戦争のすべての犠牲者に「哀悼の誠」を捧げると述べたうえで、

「戦争の惨禍は、二度と、繰り返してはならない。

私たちは、そう誓いました。そして戦後、自由で民主的な国を創り上げ、法の支配を重んじ、ひたすら、不戦の誓いを貫いてまいりました。

戦後70年間に及ぶ平和国家としての歩みに、私たち日本人は、静かな誇りを感じながら、

この不動の方針を、これからも貫いてまいります」

　と、不戦の誓いを今後も堅持していくことを表明。そして、日米同盟について次のように述べた。

「あの『パールハーバー』から75年。歴史に残る激しい戦争を戦った日本と米国は、歴史にまれな、深く、強く結ばれた同盟国となりました。

　それは、いままでにもまして、世界を覆う幾多の困難に、共に立ち向かう同盟です。明日を拓《ひら》く、『希望の同盟』です。

　私たちを結びつけたものは、寛容の心がもたらした、the power of reconciliation、『和解の力』です。

　私が、ここパールハーバーで、オバマ大統領とともに、世界の人々に対して訴えたいもの。それは、この、和解の力です。

　戦争の惨禍は、いまだ世界から消えない。憎悪が憎悪を招く連鎖は、なくなろうとしない。

　寛容の心、和解の力を、世界は今、今こそ、必要としています。

　憎悪を消し去り、共通の価値の下、友情と、信頼を育てた日米は、今、今こそ、寛容の大切さと、和解の力を、世界に向かって訴え続けていく、任務を帯びています。日本と米国の同盟は、だからこそ『希望の同盟』なのです」*1

このセレモニーをテレビで見ながら、日米首脳という「スター」がアリゾナ記念館をステージにして繰り広げる一大パフォーマンスのように感じた人も少なくなかっただろう。

外交とは「劇」である。

「劇」の演出は当該国の政府が行うが、日本の場合、首相官邸、あるいは外務省からアイデアが出てくることが多いと考えられる。それを受けてさまざまなお膳立《ぜんだ》てをし、「劇」の切り盛りをするのは外務省であり、東京の本省と各国にある大使館が舞台を作っていく。だが、多くの人々は、外交上の出来事は、巨大なスケールの世界情勢のなかで、いうならば、人為を超えた歴史のうねりとして、自然発生的に起きているのだという錯覚に陥って、その仕掛けに気がつかずに見ていることが多い。

報道によれば、安倍首相の真珠湾訪問の話は、オバマ大統領が二〇一六年五月に被爆地・広島をアメリカ大統領として初めて訪問した際、日米の当局者間で浮上していたという。*2

報道ベースの推測だが、私も、この「劇」は突然出てきた話だとは思わない。ただ、二〇一六年五月の時点では、決定事項ではなかったかもしれない。

ところが、同年十一月のアメリカ大統領選で、大方の予想に反してドナルド・トランプ候補が当選した。

トランプ候補は、大統領選期間中に、「在日米軍駐留経費全額負担の要求に応じなければ米軍を撤退させる」「北朝鮮に対峙《たいじ》するためには日本や韓国が核兵器を持つのもやむを得ない」などと、従来の日米同盟を揺るがせかねない発言を続けてきた。そのトランプ候補が当選したことが強いインセンティブとなり、急遽《きゅうきょ》、実現の運びとなったのではないだろうか。既に実現が内々では決まっていたとしても、トランプ氏当選がその後の確実な実現に向けて強いモチベーションとなったことに間違いはないだろう。

### 真珠湾訪問の狙いは何か

では、日米政府はどんな狙いで、「安倍首相の真珠湾訪問」という「劇」を上演したのだろうか。

一つは、当然ながら、「揺るぎない日米同盟」をアピールすることである。ホワイトハウスでも、安倍首相の真珠湾訪問に先立つ十二月五日の声明で、「(オバマ大統領と安倍首相は) 共通の利益や価値で結び付き、かつての敵を最も緊密な同盟国にした和解の力を示す」と述べていた。*3

オバマ大統領の広島訪問も合わせ、お互いに謝罪こそしていないものの、日米は広島と真珠湾を訪問し合える強い信頼に結ばれた関係であり、両国間に刺さっていた大きな棘《とげ》が抜けたことをこの「劇」により示そうとした。

この「日米関係は深い信頼関係に基づくものである」ことを、誰に示そうとしたのか。それは、日米両国の国民に対して、世界に対して、そしてなによりも次期アメリカ大統領に決まったばかりのドナルド・トランプに対してであった。これまでの日米関係を根本から打ち崩しかねないトランプ氏に対して、いかに日米関係が素晴らしいものであり、これまでどおり継続して行くべきものであるかを真珠湾訪問のイベントで示そうとした。だからこそ、日本のみならずアメリカでも、政府は熱心に取り組み、メディアもこの出来事を大きく取り上げた。

さらに、日本政府には、もう一つの狙いがあったと思われる。それは、米国内にある「歴史修正主義の安倍」というイメージの払拭《ふっしょく》だ。

アメリカでは、保守・リベラルを問わず多くの人が、日本の歴史修正主義的な流れに対して、強い懸念を持っている。二〇一三年十二月に安倍首相が靖国神社を訪問した際、アメリカ政府は公式に、「失望した（disappointed）」という普段外交ではまず見ることのない強い表現で非難した。

安倍首相がこのような歴史修正主義的立場をとり続けるのであれば、深い信頼に基づく日米関係は築きえない、という批判は、米国内に今も厳然と存在する。「真珠湾」は、日米関係における大きな歴史問題の一つである。この問題をクリアすることで、「歴史修正主義者・安倍」のイメージを払拭するとともに、トランプが大統領になってから歴史問題について追及させない、という意図が日本政府にはあったと思われる。日本政府の、「未来志向」の日米外交を過去に邪魔されることなく築いていきたいとの気持ちの表れである。

ところが、安倍首相の真珠湾訪問の帰国直後である二〇一六年十二月二十九日、稲田《いなだ》朋《とも》美《み》防衛相が靖国神社を参拝した。

稲田氏は安倍首相に同行して同月二十七日（日本時間二十八日）に真珠湾で戦没者を慰霊したばかりであった。二〇〇七年に防衛庁が省に昇格して以後、現役の防衛相の靖国参

拝は今回の稲田氏の訪問が初であった。稲田氏は靖国参拝後、

「最も激烈に戦った日米が最も強い同盟関係にある。未来志向に立ち、しっかり日本と世界の平和を築いていきたいという思いで参拝した」*4

と記者団に語ったが、中国や韓国は現役防衛相の靖国参拝に反発を強めていると新聞などで報じられた。この件に関して、安倍首相は「ノーコメント」であった。

稲田氏は、安倍首相と考え方が近く、安倍氏に気に入られ、安倍氏の「秘蔵っ子」ともいわれる人物である。定期的に靖国参拝を行う人物であることも誰もが知っている。安倍氏は、自ら靖国参拝をしてアメリカに批判され、その後靖国訪問ができなくなっているが、心の底では、稲田氏の参拝を高く評価し、また、自ら靖国神社を参拝することを望んでいる、というのが心情であろう。しかし、真珠湾を訪問して日米の和解を演出した直後に、そのような発言をしてはこれまでの演出をすべて壊してしまう。従って、「ノーコメント」としか表現できなかった。

**過去を振り返る相手は他にもいる**

二〇一六年十二月の真珠湾訪問は、安倍首相でなければできないことだった。

たとえば、鳩山由紀夫《はとやまゆきお》元首相のようなリベラルな政治家が同じことをしたら、日本の保守層からバッシングの嵐が起きただろう。「自民党の中でもタカ派である安倍さんが行くなら、しょうがない」という雰囲気のなかで、さまざまな政治的意図を巧みに織り込んで上演された「劇」であった。

二カ国のトップが真珠湾を二人で訪問し、両国にとって前向きな外交関係を築いていくこと自体は素晴らしいことである。真珠湾訪問自体は意味があることであった。

もっとも、第二次世界大戦の日本の行為が侵略であったことを認めないような発言を過去に行ってきた安倍首相が、真珠湾攻撃による対米戦争の開始を心から反省して真珠湾を訪問したとは考えにくい。今回の訪問を一種の免罪符として、「今後は、過去についての批判は認めない」という効果を期待したからこそ安倍氏は真珠湾を訪問しようとしたのだろう。

しかし、ここで私たち日本国民が忘れてはならないことがある。

それは、先の戦争では、アメリカも当事者だったが、アジアの多くの国々も当事者だった、ということである。言うまでもなく、日本はアメリカに負けただけではなく、中国・韓国をはじめとするアジア諸国も相手とした戦争に負けたのである。そのことを、日本人は忘れてはならない。国によって呼び方や日にちは違うが、中華人民共和国や中華民国、大韓民国や朝鮮民主主義人民共和国、ベトナムには、いわゆるVJ Day（Victory over Japan Day、対日戦勝記念日）が存在する。

また、多くの人は、太平洋戦争は旧日本海軍による真珠湾攻撃で始まったと思っているが、実際には、真珠湾攻撃の約一時間以上前に、日本陸軍がイギリスなどの植民地制圧と石油などの資源確保のためにマレー半島（当時はイギリス領）に上陸しており、これが実質的な戦闘開始だった。

過去を振り返るべき相手は、アメリカだけではなく他にもいる。旧日本軍が及ぼした被害は、中国大陸や朝鮮半島におけるほうが比較にならないほど甚大であった。そうした国々に対しても、過去の事実を認識し、反省がきちんとなされてこそ、真の意味で未来志向の外交への第一歩を踏み出せるはずだ。

だが、トランプ氏に日米同盟の堅固さをアピールし、歴史修正主義に対する批判を米国内でかわすために真珠湾を訪問した安倍首相が、歴史の反省の上に立って韓国・中国に謝罪するという考えに至るはずもない。「和解」と言っても、自らの価値観はいっさい曲げておらず、むしろそれを前進させるための手段としての訪問であった。

日本と韓国の間には、二〇一五年末に結ばれた従軍慰安婦に支援金を支払う合意があるではないか、と言う人もいるだろう。これは、一面、日本政府が日本の対韓強硬派の意見を抑えながら何とか結んだ合意である。もっとも、これも、旧日本軍の従軍慰安婦問題の点についてのみであり、それについて十分であるかどうかの評価も分かれるなか、かつて日本が韓国を併合したことについてはまったく言及がない。それで日韓間の歴史問題がすべて決着したと認識するのも大きな間違いである。

アメリカに対してだけ、首相が真珠湾に行って「哀悼の誠」を捧げ「和解の力」を強調するというイベントは、国内外にその良い影響を期待する「劇」であったと言わざるを得ない。

実際、この演出は日本国内ではとてもうまく働き、安倍氏の支持率が六ポイント上昇した。*5 安倍氏はサミット外交などでも支持率を上げており、*6 その結果、場面をうまく作りやすい外交劇を繰り返し行うことになる。

## 「恩讐を超えた日米関係」という演出

ところで、安倍首相の真珠湾訪問に先立って時事通信は、「米国内では現在、第2次世界大戦をめぐる反日感情が目立った形では表面化していない。安倍首相が戦後70年の2015年4月に米議会で行った演説も肯定的に受け止められており、真珠湾訪問で謝罪を求める動きが広がることはないとみられる」と報じていた。*7

この記事に出てくる「米議会で行った演説」とは、二〇一五年四月二十九日に安倍首相がアメリカ連邦議会上下両院合同会議で行った演説のことである。

当時、安倍首相は一週間の日程でアメリカを公式訪問しており、米議会での演説を公式訪問のハイライトシーンだと報じる日本のメディアもあった。

この演説の途中で、安倍首相は先の戦争に触れ、ギャラリーのなかに並んで座る二人の男性を紹介した。

一人は、ローレンス・スノーデン元米海兵隊中将。一九四五年二月に、海兵隊大尉として中隊を率い、硫黄島《いおうとう》に上陸した人物だ。スノーデン元中将は、硫黄島で開かれる日米合同の慰霊祭にしばしば参加し、「硫黄島には、勝利を祝うため行ったのではない、行っているのでもない。その厳かなる目的は、双方の戦死者を追悼し、栄誉を称《たた》えることだ」と語っているという。

もう一人は、新藤義孝《しんどうよしたか》衆議院議員（自民党）。新藤議員の母方の祖父は、硫黄島の守備隊司令官として三十六日間の陣地持久戦で死闘を演じた末に玉砕した、日本陸軍の栗林忠道《くりばやしただみち》第百九師団長（死後、大将に昇格）である。

安倍首相は、

「これを歴史の奇跡と呼ばずして、何をそう呼ぶべきでしょう。熾烈《しれつ》に戦い合った敵は、心の紐帯《ちゅうたい》が結ぶ友になりました」

と、実況中継さながらのコメントを添え、紹介された二人が立ち上がって握手をすると、ギャラリーは総立ちになり、議場には大きな拍手が渦巻いた。*8

見事な「劇」である。

私もこの演説の映像を見たが、スノーデン元中将と新藤議員の握手、そしてスタンディングオベーションのシーンは、「かつて日米は敵同士でしたが、今は恩讐《おんしゅう》を超えてこんなに仲良くなりました。日米同盟は、世界のために機能している素晴らしい同盟なのです」という雰囲気が醸成されていた。

## 「歴史的和解」を演じる歴史修正主義者たち

スノーデン元中将は、前述したように硫黄島で開かれる日米合同の慰霊祭にしばしば参加しており、報道にも名前が載ることから、硫黄島の戦いに参加した退役軍人として関係者に認識されている存在である。

一方の新藤議員は、「憲法改正」「教育基本法改正」「首相の靖国参拝の定着化」などを求めて活動する日本最大の右派組織・日本会議を支援する日本会議国会議員懇談会の副会長を務めた人物で、みんなで靖国神社に参拝する国会議員の会のメンバーでもある。

新藤議員のウェブサイトには、「『歴史』教科書の問題記述」として南京《なんきん》事件の扱い方が挙げられており、「私は自民党の有志議員と共に『日本の前途と歴史教育を考える議員の会』を設立し、活動しています。13年前の設立時の会長は故・中川昭一《なかがわしょういち》さんで、幹事長が安倍晋三さん、私は幹事を務めておりました」とある。*9

また、日本の前途と歴史教育を考える会の活動について、「最初に取り組んだのは、誤った報道に基づく『従軍慰安婦』記述の取り消しであり、平成16年度検定による現行の中学校の社会科教科書では、すべての検定教科書から記述がなくなっています」と報告されている。*9

安倍首相も新藤議員も「戦後レジームからの脱却」を目指しているわけだが、アメリカは日本に対して第二次大戦後の「戦後レジーム」に乗ったまま歩んでほしいと考えている。

この点で日米の利害関係は対立しているにもかかわらず、スノーデン元中将と新藤議員の握手シーンでは、「日米関係は歴史問題をも乗り越えた素晴らしいものである」という雰囲気が強調された。

安倍首相の歴史観、対中や対韓感情、対米従属姿勢などを知る人から見れば、いかにも作られたステージであるが、日米の国民の大半は、そうした事情を知らないか、あるいはこのセッティングされたステージを見て、そのような舞台裏に思いをめぐらせることはしない。

そもそも、アメリカにおいては、演説があったこと自体を知らない人も多かっただろう。日本で多少興味を持って見ていた一般の人たちは、この「劇」を額面どおりに受け取り、「日本とアメリカはさらに強固な関係となった」と感じたかもしれない。従来の日米同盟関係をさらに強化したい人は「素晴らしい！」と拍手を送っただろう。

**「劇」のとおりに現実が動いていく**

スノーデン元中将と新藤議員の握手のあと、安倍首相は戦後日本の経済発展に話題を転じ、「ＴＰＰには、単なる経済的利益を超えた、長期的な、安全保障上の大きな意義があることを、忘れてはなりません」と述べた。

さらに安倍首相は、「私たちは、アジア太平洋地域の平和と安全のため、米国の『リバランス』を支持します。徹頭徹尾支持するということを、ここに明言します」とアメリカの外交政策を絶賛した。

また、自衛隊によるペルシャ湾での機雷の掃海や人道支援、平和維持活動に触れ、「これらの実績をもとに、日本は、世界の平和と安定のため、これまで以上に責任を果たしていく。そう決意しています。そのために必要な法案の成立を、この夏までに、必ず実現します」と、安保法制の実現を誓ったのである。*8

その後の展開はご存じのとおりで、安保法制の実現は夏までにはできなかったものの、九月には実現した。

このように外交で演じられた「劇」のとおりに、日本国内で実際のものごとが進んでいくことは少なくない。詳細は後の章に譲るが、外交の舞台は、双方の国が強い意図を持って何かを成し遂げるために設定されることが多く、その路線を引くためにさまざまな「劇」が各レベルで演じられ、その「劇」に則《のっと》って周りが動いていく。たとえば、安倍首相がアメリカ議会で「夏までに、安保法制を実現させます」と言えば、その流れが作られ、自民党はそれに向けて動く。もとい、夏までに成立させたいと安倍政権や自民党が考えたからこそ、外交劇でその追い風を作り出すのである。

「劇」がもたらすメリットは、まさにそこにある。

どんな政治でも「劇」の要素はある。他の省庁でも、農業政策なら農林水産省が、経済政策なら経済産業省が、演じる政治家をどのように動かし、政策を実現していくかを常に考えているだろう。

ただ、国内政治の場合は、いろいろな登場人物がおり、野党から反論があったり、市民団体からの「雑音」がそれなりにうるさかったり、あるいは与党内でも調整が必要だったりするなど、一つの決まったストーリーを演じるのは大変である。また、舞台裏を多くの人々が見ることにもなりやすい。

その点、外交は登場人物が限られているので、「劇場」の運営が容易である。また、ひとつひとつの事象が大きく、一国の政府と同じ規模の対抗言論が少なく、国が躊躇《ちゅうちょ》を覚えるほどの介入が入りづらいので、「劇」である要素がより強くなる。日本語の情報源としては、大手メディアによる報道しかなく、情報の選択がほぼ完璧に彼らの手に委ねられるため、舞台裏を見る機会は一般の人々には極めて限られる。

日本の場合、政府の行なう外交へ影響を与える介入は、日本国内からはほとんど見られない。沖縄がこれだけ一丸となって日米外交に異論を唱えても、辺野古基地建設を繰り返し確認する二国間外交は今のところ残念ながら変わっていない（もっとも二十年間基地建設を止めてきたという意味で、沖縄は日米政府の劇の進行を止めてきたのだが）。日本外交に対抗する介入の多くは、同じく「国」としての存在を持つ中国や北朝鮮からのものだろう。もっとも、前述したように、安倍首相の靖国参拝を受けて“disappointed”とアメリカに言われるようなこともある。

いずれにせよ、介入を受けるにしても、別の「劇」を演じる人たちが入ってきて、どちらが最後まで演じられるか、シナリオを変え、別の手を打つのか、という判断が、主としてプロデューサーである官邸や外務省などの日本政府により行われるだけであり、劇が終わるわけではない。

お互いの劇を演じ合いながら間合いを見、それぞれが進めたい方向の政策を実現していく。

## 問われる報道のあり方と我々の報道の受け取り方

なお、メディアは、「劇」をどのように演じ合うかが外交であるということを認識している。多くの場合、メディアはそれぞれの外交イベントにより何を政府が狙っているのか、についても理解していると考えられる。しかし、それを前面に出して報道し、評価や批判を加えることもあれば、あえてその政府の意図を報じないこともある。そして、たいていはその舞台裏を十分には伝えない。

もちろん批判的な論調のメディアもあるが、ことこの間のトランプ大統領当選からの日本メディアの日米関係の報道に関しては、日本政府の「劇」の一翼を担っているような面すら目に付く。トランプ氏に日米外交の既定路線に戻ってほしいと働きかける日本政府の姿勢を大きく報じながら、それについての批判はほとんどなされていない。

すべての政府発表の情報について同じことがいえるが、外交に関しても、メディアリテラシー（多様なメディアを意識的・批判的にとらえ、自律的に関わり、能動的に表現すること）を意識しながら、情報の受け取り方に注意し、報道を鵜《う》呑《の》みにしないという視点が重要である。

なぜこの外交イベントが行われているのか、狙っている効果は何か、そういったことに思いを致しながら報道に接すれば、政府の本当の狙いを読み取ることもできるだろう。

本書では、どういった点に注意して報道に触れればよいかという問題について、第二章以下でその視点を提供していきたい。

## 日米間の情報ギャップ

同じ外交に関係する出来事であっても、ポジティブなイメージとともに見事にメディアにのり、きれいにその意図が日本社会に広げられていくものもあれば、その逆もある。またメディアによる「情報の選択」によって日本の私たちに伝わらない声もある。

そのことを、私は七年にわたるワシントンでのロビイングのなかで何度も実感してきた。ロビイングとは、政府の政策に影響を及ぼすことを目的とした政策提言活動である。

私がアメリカでロビイングを始めたきっかけは、アメリカ留学だった。日本で弁護士として五年間働いたのち、ニューヨークにあるコロンビア大学のロースクールで法律を学び、ニューヨーク州の弁護士資格を取得した。ワシントンに引っ越したのは二〇〇九年夏のことで、アメリカン大学で国際関係学の修士課程（国際政治学・紛争解決学）に進むためだった。

ワシントンに引っ越した直後の二〇〇九年九月十六日、日本では自民党から民主党《みんしゅ》（現民進党《みんしん》）への政権交代があり、民主党の鳩山由紀夫首相は、沖縄の米軍基地問題について、日本政府が従来とってきた方針を白紙に戻す考えを示した。

米海兵隊の普天間《ふてんま》基地の移設先として、沖縄県民の根強い反対がある名護《なご》市辺野古の海を埋め立てて新基地を建設する計画をめぐり、「最低でも県外、できれば国外に普天間基地をもっていく」と主張したのだ。

鳩山首相の辺野古反対の意思表明を受け、沖縄の人々の基地反対の声も高まり、「辺野古基地移設反対」で沖縄県全体がまとまって今に続く運動の大きなうねりとなった。

しかし、この鳩山首相の声も沖縄の人たちの声も、ワシントンに十分には届くことはなかったのである。そもそも、彼らの声を運ぼうとする存在がワシントンには皆無であった。

これが、私がワシントンでロビイングを始める直接のきっかけとなった。

アメリカの首都ワシントンは、日米外交の現場だ。ワシントンで日米外交の現状を観察するうちに、日米間で行き来する情報のギャップに気付くことになる。

日本では民主党政権が沖縄の基地問題で大きな方針転換を図ろうとしているのに、ワシントンにいる日本政府関係者もほとんどの日本メディア関係者も、「普天間基地は辺野古移設」という従来の方針を堅持していた。鳩山首相のこのような声も、沖縄の声も、彼らによって適切にアメリカに運ばれることはなかった。基地問題に関するシンポジウムなどに参加して話を聞くうちに、ワシントンに駐在する日本人は似通った価値観の人たちが多く、多様性がないと感じた。

一方、沖縄の強い反対の声を耳にしたアメリカ側の専門家の反応は多様で、「沖縄がこれだけ反対するのなら、他の場所を探すほうがいいのでは？」「辺野古でないなら、どこがいいのか考える必要がある」といった意見も聞いた。

しかし、そうしたアメリカの声も残念ながら、日本にはほとんど伝わっていなかった。

一国のトップである首相の声であっても既存の外交の方針と異なる声であればアメリカに十分に伝わることはないし、常に日本に影響力を有していると思われている著名な知日派の声であっても、その声が既存の外交方針と異なる場合には、その声はやはり日本に十分に伝わることはない。そんな、不健全な構図が見えてきたのである。

そこで私は、日米間で行き来する情報のギャップを埋めるために、アメリカ連邦議会の議員（日本の国会議員にあたる）へのロビイングなどを通じて、アメリカへの働きかけを始めた。二〇〇九年十二月のことだ。

初めてアプローチしたのは、米下院で沖縄の問題を議論する外交委員会、アジア太平洋環境小委員会（現アジア太平洋小委員会）の委員長だったエニ・ファレオマバエガ下院議員（当時）だ。その頃、日本国内では鳩山首相が官僚やメディアの反対にあい、党内でもしだいに味方を失いつつあった。

「沖縄の基地問題は大変大きな問題で、日本の新聞では、連日、この問題により首相の進退が取り沙汰されています。ぜひ、アメリカの議会でこの問題を取り上げてください」

とお願いすると、ファレオマバエガ委員長は、「これは重要な問題だ。大いに関心がある」と言ったあと、

「沖縄の人口は何人か？」

と、質問してきた。

私は頭のなかで、「百万人以上はいるが、もう百五十万人に達していただろうか？」と考え、口ごもった。すると同委員長は、こう言ったのである。

「二千人ぐらいか」

私は唖然《あぜん》としながら、

「百万人以上います」

と答えた（実際は、当時百三十八万人である）。

次に同委員長の口から出たのは、

「では、飛行場を一つ作ってあげれば、その人たちは飛行機を使えるようになって便利になるのでは」

沖縄の問題を扱う委員会のトップであっても、沖縄に対する認識はこの程度なのだと思い知らされた。

こうしたワシントンエピソードは幾らでもある。どれも、頭を抱え込んでしまうぐらい不思議なことばかりで、ロビイングを始めた頃は毎日、驚いたり意気消沈したりの連続であった。


**日本とアメリカは特別な関係？**


「悲しくなるほどアメリカ人は日本に無関心で、日本についての報道も多くありません」

日本の講演などで私がこう言うと、参加者は一様に「へえーっ！」と驚く。

日本では驚くほど毎日のようにアメリカについての報道がなされており、日本にいる私たちは常にアメリカのことを考えさせられている。外交や政治はもちろんのこと、社会や文化の面でも、日本の多くの事象はアメリカに由来したりアメリカの影響を受けたりしており、アメリカは私たちの思考のなかで常に存在感をもっているのが現状である。

それに加えて、外交の世界ではアメリカ政府も、ことあるごとに「日米は特別な同盟関係」「日本は特別」と言うので、本当にそうなのだと考えている人も日本にはいるかもしれないが、これも客観的な目をもちながら事実を見る必要がある。

アジアのなかでいえば、日米は他と比して重要な同盟関係にはあると思うが、アメリカは他の国に対しても、「我が国と貴国とは特別な関係」と言っている。

ワシントンで、あるシンポジウムに参加したとき、こんなことがあった。

米国務省の関係者が、講演のなかで「日米同盟は特別なものである」という趣旨の発言をしたところ、聴衆のなかにいた韓国人がおもむろに手を挙げ、

「あなたはつい先日、別のシンポジウムで、米韓同盟はアジア・太平洋地域の礎石だと言いました。それが今日は、日本は特別だと言う。どちらが本当なのですか？」

と質問し、会場が大爆笑の渦になったのだ。

もちろん、同盟国として日本も韓国も重要な国には違いない。しかし、あまり意味がないことを承知で順位付けを始めるとすれば、アメリカにとっては、イギリスやＮＡＴＯ

（北大西洋条約機構）の重要度のほうが高い。歴史的な背景や、同じ白人同士ということなど、いろいろな意味で質的にも関係がことなるのは、アメリカで生活をしていれば肌身で感じる。

それでも「日本は特別」「韓国は特別」とアメリカ政府が言うのは、外交に付きものの美辞麗句で、決まり文句である。

言われたほうも、アメリカにとって最重要の同盟国はイギリスやＮＡＴＯだとわかっていたとしても、外交上の決まり文句として受け取ってきたのである。

**新しい外交のチャンネルを築く**

日米関係において、ワシントン発の「アメリカの声」は、影響力が非常に大きい。

二〇一〇年一月、あるシンポジウムに参加した私は、その「アメリカの声」の代表格ともいえるリチャード・アーミテージ元国務副長官の口から、普天間基地の移設先について、

「プランＢ（別の案）の検討が必要だ」

という言葉を聞き、衝撃を受けた。

日米関係に関わるアメリカ人は、概して「知日派」と呼ばれる。アーミテージ氏は知日

派のなかでも最も有名な一人である。タカ派的な発言から「日米同盟の守護神」と比喩《ひゆ》されることもあり、日本政府が常に頼りにしてきた米側の存在である（知日派については第三章で詳述する）。

そのアーミテージ氏が、辺野古移設以外の案が必要だと言っている！　私は、軽いめまいさえおぼえた。と同時に、

「だったら、いったい誰が辺野古に基地を造ろうと言っているのだろう？」

との疑問も生まれた。

結果的に、日本で知名度の高いアーミテージ氏のこの発言でさえ、さほど日本には伝わらなかった。米軍基地が大問題になっているのに、首相や沖縄をはじめとする日本の人々の声がアメリカに届かず、アメリカの多様な声も日本に届いていないのである。

この状況を変えなければ、と、ワシントンで連邦議会議員やシンクタンクの研究者に面談を続け、環境や女性といった面談相手の関心事と絡めて沖縄を説明し、沖縄の政治家らの訪米時には、米政府や米議会関係者らとの面談調整などを支援した。

二〇一三年八月には、これらの活動を拡充すべく、多くの仲間とともにシンクタンク「新外交イニシアティブ（New Diplomacy Initiative　略称ＮＤ）」を設立し、事務局長と

なった。

現在、NDの評議員には、ジャーナリストの鳥越俊太郎《とりごえしゅんたろう》、東京大学教授の藤原帰一《ふじわらきいち》、ジョージ・ワシントン大学教授のマイク・モチヅキ、法政大学教授の山口二郎《やまぐちじろう》、元内閣官房副長官補（安全保障担当）の柳沢協二《やなぎさわきょうじ》、元沖縄タイムス論説委員の屋良朝博《やらともひろ》らの各氏が名を連ねている。

NDの設立目的は、従来の外交では運ばれない声を届ける「新しい外交のチャンネル（パイプ）」を築くことである。具体的には、日米・東アジア各国における情報の収集・発信、各国政府への政策提言やそのサポートなどを行い、議員外交、民間外交、市民外交などの推進に努めている。

私自身は、様々な方の訪米ロビイングのサポートをND設立以前から現在まで幅広く続けてきている。TPP（環太平洋パートナーシップ）の問題でも、数年前、まだ日本では「アメリカが推進しているから日本も早く入らなければ」といわれている頃に、これに反対する日本の国会議員らによるワシントンでのロビイングをサポートした。原発の問題でも福島第一原発事故以後に日本の国会議員が原子力規制委員会（NRC）や議会などを訪問する際の補佐を行ったり、アメリカからの日本の原発再稼働に対する圧力の発信源について日米における調査や報告書の出版なども行った。

　活動の中心となる沖縄の基地問題については、連続して研究会やシンポジウムを行って問題についての理解を深め、社会への周知を行って、二〇一二年、二〇一四年の稲嶺進《いなみねすすむ》名護市長の訪米行動や、二〇一五年、二〇一七年の翁《お》長雄志《ながたけし》沖縄県知事の訪米に伴う随行訪米団のワシントン訪問をお手伝いしてきた。アメリカの軍事予算について定める二〇一六年度の国防権限法案にあった「辺野古が唯一の選択肢」という文言を、ロビイングによって外すこともできた。

　沖縄の辺野古の基地建設問題については、実はアメリカの知日派のなかには、様々な声がある。先に述べたとおり、アーミテージ氏は別案の検討が必要だと述べていたことがあるし、ジョン・マケイン上院議員なども一時は辺野古案に反対していた。仲井《なかい》眞《ま》弘多《ひろかず》沖縄県知事が二〇一三年十二月に辺野古沖埋め立てを承認したことが大きな影響となって、風向きが変わったところもあったが、今もなお、アーミテージ氏と並ぶ知日派代表格のジョセフ・ナイ元国防次官補が、「沖縄の人々が支持しないなら、我々は（辺野古案を）再考しなければならない」と述べるなど何人もの反対意見が存在する。

　アメリカの、ワシントンのインナーサークルのなかにすら、こうした多様な声が存在することは日本にまったく知られていない。日本からさまざまな声がアメリカに届くことに加え、このような声が、アメリカから日本にきちんと伝わることを、私たちＮＤはめざしている。

## シンポジウムや講演も「外交劇」

首相が米議会で演説するような「劇」だと舞台も大きくなるが、規模の大小にかかわらず、「外交劇」は常に行われている。

アメリカのシンクタンクでシンポジウムを開催しようとか、米議会内で日本関連の院内集会を開催しようといった企画も比較的簡単に設定できる外交劇の一つのステージである。後の章で述べるように、ワシントンでそのような企画が開催されれば、アメリカではまったく報道されず、アメリカ人の出席者があまり多くなくても、日本では大きく報道されて抜群の情報拡散の機会となることも多く、日本を観客とした舞台として設定されるものも多い。

そのような舞台は訪米予定の日本の国会議員が望むことにより設けられる場合も多いし、日本政府、特に官邸や外務省がリードして行われることも、アメリカのシンクタンクなどの希望を受けて行われることもある。いずれにしても、効果を計算したうえで、どの時期に行えばいいか、どんな文脈でどんな内容にすればいいかなどを企画者が狙いをつけたうえで行う。アメリカ側に断られて時期がずれたり、諸事情で訪米日程がずれたりすることもあるが、これらも外交で政治的影響をどう作り出すかという意図が表れる「劇」であるといえよう。

枚挙にいとまがなく、ワシントンに住んでいるとそんなシンポジウムを、多ければ毎週、時に連日でも目にすることになるが、一例をあげれば、二〇一五年十二月三日に、島尻安《しまじりあ》伊子《いこ》内閣府特命担当大臣（沖縄及び北方対策、科学技術政策、宇宙政策担当。当時）が訪米し、ワシントンにあるアメリカの代表的シンクタンクＣＳＩＳ（戦略国際問題研究所）で講演した、ということがあった。

島尻参議院議員は、二〇一〇年の当選時に「普天間基地の県内移設反対」を訴えて当選したにもかかわらず、二〇一三年に自民党内の圧力により辺野古基地建設容認に回った。島尻氏を含む五人の沖縄県選出の自民党国会議員が石破茂《いしばしげる》幹事長（当時）から迫られ、これに屈して辺野古容認に回ったのは、五人がうなだれながら並んで座る記者会見の写真の様子とともに、本土に屈した象徴として大きく報じられ、沖縄では多くの人が失望し、強い批判が起きた。

その後、島尻氏は、辺野古推進の立場を徐々に強く押し出すようになり、二〇一五年四月には、辺野古の新基地建設に反対する市民運動について「責任のない市民運動だと思っている」と述べたとも、沖縄タイムスで報じられていた。*10

CSISの講演では、「普天間飛行場の一日でも早い返還のためには、今の日米合意である名護市辺野古への移設計画を早期に推進すべき」「普天間飛行場の跡地利用は、ソフトパワーとしての日米両政府主導で進めるべき」といった趣旨の発言をした。

おそらく、島尻氏の講演は日本側からCSIS関係者に持ち掛けたものなのではないか。CSISには広い講演会場があり、聴衆やメディアにインビテーションを出すためのメーリングリストも充実しており、「劇」のステージとして利用しやすく、首相や閣僚級も含めた日本の有力政治家が講演会場として選ぶことが多い。

島尻氏の講演をお膳立てしたのが、官邸なのか外務省なのかはわからないが、これも辺野古移設を進めたい日本政府の意向を受けて演じられた「劇」である。

氏は講演で、辺野古移設に沖縄県民の八割が反対していることには触れず、「沖縄の住民は問題を解決するには、移設が重要だと考えている」と話し、*11この講演内容は、沖縄県民の民意を無視したものとして、沖縄では強い批判が上がった。

私も、この報道に接し、これまでNDが沖縄の方々と丁寧に積み重ねてきたワシントンでのロビイングの成果が、この大臣の発言によって崩されてしまうような悲痛な気持ちになった。

ワシントンの日米外交関係者の間では、翁長雄志県知事の下で沖縄が一丸となって辺野古基地建設に反対しているというイメージはそれなりには周知されている。そのワシントンにおいて、「いや、沖縄にもいろいろな声があり、沖縄担当大臣を務める沖縄選出の議員までもが、辺野古をウェルカムと言っているのだ」というのは、そのワシントンでのイメージを大きく揺るがすことになる。こちらは何年もかけて地道な苦労を重ねるなか、日本政府はいとも簡単に、当選二期目の議員を大臣とし、ワシントンに連れて行って沖縄の顔として講演させてしまうのである。ワシントンを軸に沖縄の基地問題に取り組んでいる私にとっては、初めて沖縄選出の沖縄担当大臣がワシントンで辺野古移設推進を述べたという、非常に衝撃的な出来事だった。

これもある意味、「劇」といえるかもしれない。自民党で当選二期目といえば、普通は「駆け出し」扱いだ。その人を選挙で勝たせるために大臣にして、ワシントンに連れて行って講演させた。

もっとも、公約違反の島尻氏を沖縄県民は強く非難し、島尻氏は二〇一六年の参院選挙で現職閣僚であるにもかかわらず十万票の大差で落選したので、仕掛けた「劇」の一部は失敗したのだが。

なお、島尻元議員は落選後も後任の鶴保《つるほ》庸介《ようすけ》大臣の補佐官として、沖縄振興などを担当するようになった。

鶴保大臣は辺野古移設推進派で、沖縄及び北方対策担当大臣への就任以後、「沖縄の振興策と基地問題はリンクしている」との発言をしている。辺野古移設が遅れれば、沖縄への振興予算を減額すると、沖縄振興が基地受け入れの見返りであるかのような姿勢も示しており、稲嶺進名護市長らは明らかな沖縄差別だとして反発している。

## “Trump!　Come back!” コール第一弾

二〇一六年十一月八日（日本時間九日）にドナルド・トランプ候補がアメリカ大統領選に当選した直後から、日米外交はますます「劇」の要素を強めた。

安倍首相はすぐに祝辞を送り、「トランプ次期大統領は、その類《たぐ》い希《まれ》なる能力により、ビジネスで大きな成功を収められ、米国経済に多大な貢献をされただけでなく、強いリーダーとして米国を導こうとされています」と称賛し、「日米両国は、自由、民主主義、基本的人権、法の支配といった普遍的価値の絆《きずな》で固く結ばれた、揺るぎない同盟国です」と述べ、

「21世紀においては、日米同盟は、国際社会が直面する課題に互いに協力して貢献していく『希望の同盟』であり、トランプ次期大統領と手を携えて、世界の直面する諸課題に共に取り組んでいきたいと思います」

と、結んでいた。*12

「希望の同盟（alliance of hope）」は、前述した二〇一五年四月の米両院議会での演説で使われていた言葉だ。安倍首相は、東日本大震災と福島第一原発事故における米軍の救難作戦に謝辞を述べたうえで、演説の最後をこう締めくくっていた。

「米国国民を代表する皆様。私たちの同盟を、『希望の同盟』と呼びましょう。アメリカと日本、力を合わせ、世界をもっとはるかに良い場所にしていこうではありませんか。

希望の同盟。一緒でなら、きっとできます」*8

このとき強調された「希望の同盟」が、トランプ次期大統領に対する祝辞でも強調され

ていたわけである。本章の冒頭で述べた真珠湾訪問時の演説でも、「希望の同盟」は強調されていた。

トランプ氏に対する祝辞では、「世界経済の原動力であるアジア太平洋地域の安定は、米国に平和と繁栄をもたらすものです」「トランプ次期大統領と緊密に協力し、日米同盟の絆を一層強固にするとともに、アジア太平洋地域の平和と繁栄を確保するために、日米両国で主導的役割を果たしていくことを、心から楽しみにしています」とも述べられていた。*12

米大統領選の公約の一つにTPP（環太平洋パートナーシップ協定）からの離脱を掲げ、米軍駐留経費の全額負担を受け入れ国に求めるなど過激な発言を繰り返してきたトランプ氏を、元の日米同盟関係に引き戻そうという、強い思いが窺《うかが》える。

この祝辞は、それまでトランプ氏が当選すると思っていなかった日本政府がトランプ氏に近づき、また、「とにかく日米同盟は重要だ」と訴えるためのものであった。「日米同盟の根幹を揺るがせるような今までの姿勢はやめて、元の素晴らしい日米関係に戻ってください」という思いが、言葉の端々に漂っている。

## トランプタワーに飛んでいく

日本政府からの懸命のアプローチ劇は、この祝辞にとどまらず、トランプ氏の当選からわずか九日後の十一月十七日（現地時間）には安倍首相がニューヨークに飛び、マンハッタンのトランプタワー最上階にある氏の自宅でトランプ氏と初めて会談した。

首相が就任前の次期大統領と会談するのは、きわめて異例のことだ。

「大統領選期間中、安倍さんはヒラリー・クリントン候補には会いながらトランプ候補には会わなかった。それが、彼が当選すると慌てて飛んでいくなんて」と思った人もいたかもしれない。

選挙期間中にクリントン氏には会いながらトランプ氏と面談していなかったことを日本政府も気にしたのか、十二月九日、民進党議員の質問に対して、安倍首相がクリントン氏に会った九月の訪米の際、トランプ次期政権の商務長官に指名されたウィルバー・ロス氏とも面会しており、「遊説で不在のため、お目にかかれず残念だ」とのトランプ氏のメッセージを伝えられたとする答弁書を閣議決定した。「会わなかった」のではなく、「相手の都合で会えなかった」としておきたかったのであろう。

「ニューヨークタイムズ」は、“Trump and Shinzo Abe to Meet to Discuss Japan Security and Trade"（トランプと安倍晋三は日本の安全保障と貿易について議論するために会談する）とのタイトルで、安倍首相がなぜやってくるのかを、要旨、次のように解説していた。

「選挙期間中にトランプは、日本を貿易の分野で批判し、防衛コストをもっと負担せよと言って批判してきた。安倍は、こうした批判がどこまで本気なのかを見極めたくて、トランプに会いにくるのだ」

「日本のエスタブリッシュメント（既得権益層）は、ヒラリー・クリントンが大統領になることを望んでいたが、今となっては、安倍はトランプと一緒に仕事をしたい（筆者註：日本語でいえば「一緒にいろいろなことに取り組みたい」といった意味合い）と思っており、その気持ちを伝えにくる」*13

ありきたりの解説ではあるが、述べられていることは間違いではない。

**見抜かれていた「日本政府のプロパガンダ」**

安倍・トランプ初会談について、アメリカでは日本批判というよりもトランプ批判の色合いが強かった。

もっとも、日本政府を批判する記事もみられた。

たとえば、“Why press won't run video of Trump and Japanese prime minister”（なぜ、メディアはトランプ・安倍会談のビデオを流さないのか）と題したCNNの記事である。「トランプと安倍はプレスに取材を認めなかった。その代わり、日本政府は会談のビデオを提供したが、これは我々プレスの人間からすると、政府のプロパガンダのように映る」と批判した。

CNNは、「アメリカの多くの主要報道機関が安倍・トランプ会談のビデオや画像を使わないだろう」とまで述べ、実際に、CNNは日本政府提供のビデオや写真を使わなかった。*14

この会談は非公式で、メディアの取材もシャットアウトして行われたが、会談後、日本政府からメディアに対して、会談の様子を撮影した複数の写真が提供されていた。「内閣広報室」のクレジット入りだった。

このことをCNNは日本政府のプロパガンダだと指摘し、メディアにアクセスを許さなかったトランプに対する批判と怒りも込めて、日本政府提供の写真を使わなかったのである。

CNNが言う「日本政府のプロパガンダ」とは、すでに何度も述べてきたように、日米が非常に緊密な関係であり、今後も日米同盟は安泰であることを世界中に示すことだ。とりわけ、このときは、それを、トランプ・ショックに動揺する日本国民に向けて示したかったのであろう。

さらに、それによってトランプ次期大統領に対しても、「これからも日米同盟を堅持していきますからね」と、圧力をかけたかったのだろう。

そうした「劇」の意図が、これらのメディア報道からは見えてくる。

安倍・トランプ初会談も、トランプ氏を元の日米同盟関係に引き戻そうとする象徴的な「劇」であった。

ただ、焦って飛んでいく心情が伝わるような外交で、CNNに「プロパガンダ」とまで書かれ、自然体で演じられなかった、という視点からすれば、外交の失敗とも考えられる。オバマ政権（当時）の米国政府から「トランプ氏はまだ大統領ではない」との、強い苦情も出た。

しかし、多くの日本のメディアや知日派は、現行の日米外交の維持のために安倍氏がトランプ氏を振り向かせるべく必死に働きかけてくれた、という点で評価しており、日米外交の既定路線を維持したい立場からはそのなりふり構わぬ懸命さも含めて、あの会談は、あの時点で演じられる限りのベストの手段であったとも評価されている。

【出典】

＊1　首相官邸ホームページ「平成28年12月27日　米国訪問　日米両首脳によるステートメント」
http://www.kantei.go.jp/jp/97_abe/statement/2016/1227usa.html
＊2、3「毎日新聞」２０１６年12月6日朝刊
＊4「毎日新聞」２０１６年12月30日朝刊
＊5「日本経済新聞　電子版」２０１６年12月29日
http://www.nikkei.com/article/DGXLASFS29H4J_Z21C16A2MM8000/
＊6「日本経済新聞　電子版」２０１６年5月29日
http://www.nikkei.com/article/DGXLASFS29H26_Z20C16A5MM8000/
＊7「時事ドットコムニュース」２０１６年12月5日
http://www.jiji.com/jc/article?k=2016120500762&g=pol
＊8　首相官邸ホームページ「平成27年4月29日　米国連邦議会上下両院合同会議における安倍内閣総理大臣演説」
http://www.kantei.go.jp/jp/97_abe/statement/2015/0429enzetsu.html
＊9　新藤義孝議員ウェブサイト　http://www.shindo.gr.jp/2011/07/225
＊10「沖縄タイムス」２０１５年4月5日

＊11 「琉球新報」 ２０１５年12月５日
http://ryukyushimpo.jp/news/entry-183407.html
＊12 首相官邸ホームページ 「平成28年11月９日 安倍晋三内閣総理大臣によるドナルド・トランプ次期米国大統領宛祝辞」
http://www.kantei.go.jp/jp/97_abe/discource/20161109message.html
＊13 「The New York Times」 ２０１６年11月17日
http://www.nytimes.com/2016/11/17/world/asia/shinzo-abe-donald-trump.html
＊14 「CNN media」 ２０１６年11月18日
http://money.cnn.com/2016/11/18/media/donald-trump-shinzo-abe-video/

# 第二章　自発的対米従属

## 「ワシントン発」の報道の作られ方

二〇一四年五月後半、私は稲嶺進名護市長の二度目の訪米に同行し、国務省（日本の外務省にあたる）を訪れた。

国務省のビルの前には、入り口に人だかりができていた。日本のメディア関係者が二十人ほど集まり、テレビカメラも並んでいる。

「名護市長の訪問を報じてくれるのか。沖縄から来ていただいてよかった！」

だが、これは糠《ぬか》喜びだった。記者たちはこちらに見向きもしない。

いったい誰を取材するのだろうと思って見ていると、二人の日本人男性がビルから出てきた。記者たちはたちまち二人を取り囲み、しきりに話を聞いている。カシャカシャとカメラのシャッターも切っている。

しかし、二人の顔を見ても、彼らの胸のバッジが国会議員バッジだとわかっても、誰だかわからない。近くにいた記者に聞くと、「カワイさんですよ」と言われたが、当時の私には名前を聞いても誰だかわからなかった。なぜ、こんなに報道陣が集まっているのか不思議だった。

翌日、ホテルで日本のニュースをチェックして、記者に取り囲まれていた二人が、自民党の河井克行《かわいかつゆき》衆議院議員と、みんなの党（当時）の中西健治《なかにしけんじ》参議院議員だとわかった。

両議員は、ワシントンに来てアーミテージ元国務副長官、マイケル・グリーン元NSC（米国家安全保障会議）アジア上級部長、カート・キャンベル前国務次官補（東アジア・太平洋担当）らと会っていたのだった。この三人は、いずれも「知日派」として知られる。

記事には、河井・中西両議員がこれら知日派との面談の場で、「集団的自衛権の行使容認を早急に閣議決定することが重要とのコメントを受けた」ことが大きく報じられていた。日本の国会議員の名前は記事のほんの一部で、大部分は知日派の発言に割かれていた。

「……河井氏によると、キャンベル氏は『東アジアの安全保障環境に鑑《かんが》み、日米がともに対応していると示すことが重要だ。〈今国会の〉会期末までの閣議決定が強く望ましい』と表明。アーミテージ元国務副長官は、『会期末までの閣議決定を一〇〇％支持する』と語った。一九日に会談したマイケル・グリーン元米国家安全保障会議（NSC）アジア上級部長も『会期中に閣議決定されることは重要だ』と強調したという」*1（抜粋、〈〉内は筆者）

河井議員は現在、内閣総理大臣補佐官（外交担当）となり、安倍・トランプ初会談の直前には、ワシントンで政権移行チームのメンバーらと会談するなどし、報道で名前を見ることも増えてきている。だが、当時は日本国内でも特別有名な議員ではなかった。

そうした議員がワシントンを訪れただけでは、メディアは普通は記事にしない。あれだけの記者が集まったのは、その議員の口から出てくる「知日派の声」が欲しかったからだ。二人の議員も、知日派の発言を聞き、その声を日本に届けたいから、わざわざワシントンまでやって来たのだろう。

議員自身が永田町《ながたちよう》で記者会見をして、集団的自衛権容認の閣議決定を訴えても、従来の主張の繰り返しになるだけでニュース性は何もないが、ワシントンの国務省の前で「知日派はこう言った」と述べれば大きな記事になる。

アーミテージら知日派たちが、自分たちの声を日本メディアに載せようとして動いたというのではなく、彼らの声を日本で広めたい日本の議員やメディアが積極的に動いたのである。

「そういうことだったのか！」

期せずして私は、「ワシントン発」の報道の作られ方を目の前で見ることになった。

集団的自衛権の行使を認める憲法解釈の変更が閣議決定されたのは、それから約一ヶ月半後の七月一日であった。

## 政策に跳ね返る「知日派の声」

この原稿を書くにあたり、河井議員の広報誌をウェブでチェックしてみると、当時のことが記されていた。

それによると、河井議員は、二〇一三年の「五月から数えると六回目、今年春からは毎月」、ワシントン訪問を重ねていた。

私たちが遭遇した二〇一四年五月のワシントン滞在期間中には、「ホワイトハウス、国務省、マグサメン国防次官補代行ら政権高官や連邦議会の外交・軍事有力議員、知日派の有識者らと精力的に会談を積み重ね」たという。

また、先の三人の知日派の他に、「メデイロス国家安全保障会議（NSC）アジア上級部長からは『日米防衛協力の指針（ガイドライン）の今年末までの見直しに遅延が生じれば、さまざまな疑念を惹起することとなり、損失が大きい。よって、安倍総理のいまの取り組みを強く支持する』と集団的自衛権の容認が日米同盟の深化に果たす役割の大きさが訴えられ」たという。

「今回の出張に、中西健治・みんなの党政策調査会長（参議院議員）が同行したことにより、安倍政権が集団的自衛権容認を進めていることに日本の国会で超党派の支持があることを米国の政府関係者や連邦議員に明示的に訴えることができました」

「帰国後ただちに安倍晋三内閣総理大臣、菅義偉《すがよしひで》内閣官房長官、高村正彦《こうむらまさひこ》自民党副総裁をそれぞれ訪ね、会談の内容を詳しく報告しました」

とも書かれていた。*2

ウェブ上の広報誌に載せられた複数の写真のなかには、アーミテージ氏と河井議員のツーショット写真もあり、「アーミテージ元国務副長官にお会いするといつも勇気づけられます」とのキャプションが付されていた。

さもありなん。「ワシントン発」の知日派の声、特にアーミテージ氏のように著名な知日派の声は、大きく拡大されて日本に跳ね返り、政権が推進しようとしている政策の後押しをしてくれるのである。

これまで多くの政治家がワシントン詣《もう》でを行い、これらの知日派の声を日本に届けてきた。第三章以降で述べるように、これらの著名な知日派はトランプ政権との関係が薄い。にも関わらずトランプ政権となった今も、知日派からのお墨付きを得ようと、多くの政治家が彼らに面談を申し込み、メディアが取材を続けている。

## 日米外交の舞台・ワシントン

「ワシントン発の知日派の声」は、なぜ日本の政策に大きな影響を及ぼすのか。

本章では、これまで日米外交を司《つかさど》ってきた構造（システム）が、どのようなからくりにあるかを解き明かしていく。

なお、その構造（システム）は、トランプ氏の当選を境に機能しなくなる場面がしばしばあるようにも見受けられる。しかし、本書では、まずは、改めて既存の外交のシステムとその問題点について指摘をしておきたい。

既存の外交システムは、トランプ政権下において若干影をひそめながらも歴然と存在しており、今後の日米外交にも直接間接に強い影響を及ぼすものである。また、現在、このシステムが若干でも影を潜めている状況であるのは、トランプ政権が落ち着くまでの過渡期的な出来事に過ぎないとも考えられる。さらには、トランプ政権下の日米外交がどのように展開されていくかということの分析にあたっても、これまで戦後七十年続いてきた日米外交のシステムを理解しなくてはならない。

では、まず、ワシントンという街の特殊性について説明したい。

ワシントンは「政治の街」だ。政治に影響を与えたい人、情報が欲しい人が、全米はもとより世界中から集まり、街が形成されている。政治関係者だけでできあがっている街と言っても過言ではない。人口は約六十五万人と少ないが、東京とは比較にならない小さなこの街に世界中の情報と権力が集中している。

ワシントンのキーワードは「ネットワーキング」だ。

通常、アメリカ人は名刺交換をあまりしないが、ワシントンではこの常識が通用しない。どれだけ名刺を配れたか、どれだけ多くの人と繋《つな》がれたかが、その後の自分の財産になる。狭い街のなかで人に会い、名刺を交換し、情報も交換し、いつでも連絡できるようにして次の人と繋がる。それを繰り返していくうちに、自然と顔が見える関係になっていく。

ワシントンで開催されるシンポジウムでは、登壇者や話を聴きに来ていた参加者と名刺交換し、そこに連絡して会いに行く。私のロビイングが可能になっているのも、こうしてワシントンで築いた人間関係によるところが大きい。

本書の主題である「外交」にひきつければ、ワシントンはさまざまな国の政策に大きく影響を与える外交政策コミュニティとしての街である。そして、日本との関係でいえば、ワシントンは「日米外交の舞台」だ。

ワシントンで日米外交に影響を与えうる人々は、大きく分けて三層ある。

第一層は、国務省、国防総省（軍）をはじめとする米連邦政府。

第二層は、世界最強と言われる連邦議会。

第三層は、ワシントンの「街」そのもの。即ち、第一層、第二層に属さず、シンクタンクや大学などに所属する日本研究者やロビイスト、メディア、企業など。

アメリカの対日外交の公式な意思決定は、当然ながら第一層の政府が行う。第二層の米議会も、軍事予算や条約などさまざまな点で日米外交に直接的な影響を及ぼす。

しかし、第一層で日本の問題に常日ごろから関わっているのは国務省・国防総省の日本部などごく一部に過ぎず、第二層においては、そのほとんどが日本に関心を持っていない。

第一章で述べたように、沖縄問題を担当する下院の小委員会の委員長が、「沖縄の人口は二千人ぐらいか」と発言したほどだから、あとは推して知るべし。ちなみに、ワシントンにもオフィスを持つ大きなシンクタンクで働く私の友達は、トランプ候補の当選直後に、「トランプは間違いなく沖縄がどこにあるか知らない」と言っていた。

そもそも、アメリカにおける日本の存在感は小さい。アメリカでも日本のアニメとスシは人気があるが、約三億人いるアメリカ人のなかで、政治の側面から日本に関心を持っている人は非常に少ないのである。

例えば、日本の新聞では、アメリカで大統領選があれば、本選挙の約一年前の予備選の段階から日々克明に動向を掲載し、「今日はフロリダで誰が勝った」「今日はオハイオで誰が勝った」と記事にする。しかし、アメリカでは、日本の選挙の詳細が記事になることはまずない。

アメリカの対日影響力は常に強力なのに、アメリカの日本に対する関心は低い。こうした状況のなかで、日本の問題について何かを訴えたいと思った時に、ワシントンで関心を集めるのは、民間人の立場ではもちろんのこと、たとえ日本政府の立場であったとしても、容易ではない。

日本に関心のある第一層や第二層が少ないため、第三層のシンクタンクや大学などに属する日本研究者が、日米外交における日本からのアプローチのカウンターパートとなることも多く、日米両政府への情報提供や報道を通じた日本の国会や世論への影響などを通じて事実上の力を持つことになる。特にシンクタンクが力を増しているといわれるこの二十年ほどは、第三層が実質的影響力を持つようになっているとまでいわれてきた。

このワシントンの第三層の人たちに「日本の声」を届けるのは、日本の大使館、大企業、大メディアの人たちや、前述した河井議員のように頻繁にワシントン詣でをしている政治家たちだ。

しかし、その少数の限られた人々が届ける「日本の声」は、日本の一般市民の多様な価値観や物の見方を代弁していないことも多い。そのような人たちが「日本の顔」として日米外交を司り、そのなかで日米外交が作られてきた。

**意外に少ない知日派の数**

こうした日米外交に関わるアメリカ人が、「知日派」と呼ばれる人たちである。

知日派とは、日本を研究している研究者、日本に関心を持っている議員などのことをさし、実際にアメリカの政権内で日米外交を担当する人、これまでに担当したことのある人たちも含まれる。

これまで私が日米の研究者や政府関係者に繰り返してきた聞き取り調査では、アメリカ国内で対日外交に関心を持ち、実際に影響力を有する知日派の数は、五〜三十人程度との結果であった。

アメリカには中東やヨーロッパの専門家は多いが、日本の専門家は意外なほど少ない。その理由を、私はワシントンの知日派から聞いたことがある。

「中東や欧州は一筋縄ではいかない国が多いが、日本は米国の言うことに基本的に従うので、新たな対日政策を打ち出す必要もなく、少数の専門家で事足りるからだ」

つまり、アメリカは日本を「扱いやすい国」とみなしているということである。

だが、日本国内では、日本におけるアメリカの存在があまりに大きいからか、アメリカでも日本の存在がそれなりにはあるものだと考えている日本人が多い。少なくとも、アメリカ人も日本のことを一定程度は考えている、と信じている日本人が多いだろう。しかし、ほとんどのアメリカ人は日本のことなど考えることもなく日々過ごし、それは、ワシントンの政策決定にかかわる大半の官僚や政治家についても同様である。

戦後七十年間、日本ではごく少数の米知日派の声が、「アメリカの声」であるかのように扱われ、日米関係のなかで強い影響力を持ってきた。

インタビュー調査の回答で出た、多く見積もって三十人、少なく見積もれば五人といった知日派の数字。五人とはあまりに少ないが、著名な知日派を五人挙げるとすれば、次の五人であろうか。

リチャード・アーミテージ氏…米共和党系知日派の代表格。レーガン政権では国防次官補（国際安全保障問題担当）、ブッシュJr.政権で国務副長官を務めた。

ジョン・ハムレ氏…クリントン政権で国防次官（経理担当）、国防副長官を歴任した。ワシントンにあるシンクタンクＣＳＩＳ（戦略国際問題研究所）の所長である。

マイケル・グリーン氏…ブッシュJr.政権で国家安全保障会議（ＮＳＣ）アジア上級部長を務めたのち、ＣＳＩＳの上級副所長兼日本部長を務めている。

ジョセフ・ナイ氏…米民主党系知日派の代表格。クリントン政権で、ＣＩＡ直属のＮＩＣ（国家情報会議）議長（次官級）、国防次官補（国際安全保障担当）を歴任し、現在はハーバード大学特別功労教授である。

カート・キャンベル氏…オバマ政権で国務次官補（東アジア・太平洋担当）を務めた。

知日派は、主として、長期に渡って日本の政権政党であり続ける自民党との付き合いを得意としており、その発言はだいたいにおいて皆同じ方向を向いている。たとえば、「憲法改正」「イラクへの自衛隊派遣」という「アメリカの声」を作ってきた人たちである。

**絶大な対日影響力**

これらの知日派は、日米関係についてはもちろんのこと、日本の国内政策についても大きな影響力を及ぼしてきた。

その典型例が、二〇一二年八月十五日に第三弾が発表された、いわゆる「アーミテージ・ナイ報告書」(正式名称 "The U.S.-Japan Alliance; Anchoring Stability in Asia (邦訳 米日同盟:アジアの安定をつなぎとめる)")である。

同報告書は、リチャード・アーミテージとジョセフ・ナイが代表執筆者として名を連ね、第一弾が二〇〇〇年、第二弾が二〇〇七年に公表された。刊行後五~十年間の日本の外交・防衛政策を方向づけてきたとも評されるほどの影響力を持つ。

これまでに、集団的自衛権行使の制約解除、秘密保護法制定、TPP(環太平洋パートナーシップ)協定への参加、原発再稼働ほか多くのことを日本に求めてきた。

「アーミテージ・ナイ報告書」第三弾の発表は、アメリカのメディアではほとんど取り上げられなかったが、日本では発表と同時にマスコミ各社が取り上げ、読売新聞は報告書の要約ともいえる文章を社説として掲載した。防衛省ではただちに翻訳が作られ、海上自衛隊幹部学校のウェブサイトには解説論文が掲載された。

同報告書は、民間の十五人前後の執筆陣によるもので、アメリカ政府の公式な文書ではない。発行元も、第一弾は米国防大学の国家戦略研究所、第二弾、第三弾は民間シンクタンクのＣＳＩＳである。

にもかかわらず、日本政府は政権交代時期も含めて、ほぼこの報告書の提言どおりに動いてきた。この報告書で勧告されたことの多くは、その数年後に実現しているのである。

もう一つ、知日派の影響力がいかに大きく働いてきたのかの例を挙げよう。

二〇一二年十二月二十日（「アーミテージ・ナイ報告書」第三弾が発表されてから約四ヶ月後）、マイケル・グリーンＣＳＩＳ日本部長が、時事通信のインタビューに応じたときの記事の抜粋だ。当時は、第二次安倍政権の発足直後だった。

「新政権はどのような政策をとるか」との質問に、グリーン日本部長はこう答えていた。

「第1に、長期政権たり得るのだと新内閣が実証できるよう望んでいる。内閣や政権の交代が頻繁に起き、米日同盟の協力関係に最大の打撃を与えているからだ。第2に、経済問題に取り組み、長期的な成長戦略を提示できることを願う。第3に安保・外交だ。安倍外交の特徴の一つに、時代遅れで米日の安保協力の障害となってきた、集団的自衛権の行使の禁止や武器輸出三原則の見直しが挙げられる」

また、安全保障と改憲については、次のように述べていた。

「〈自民党が掲げている憲法九条の〉改正は、透明かつ民主的な過程を踏んでなされ、中国を除く大多数の国が歓迎すると確信している。ただ改正は、登るには大変高い『山』だ。米日同盟と日本の国防政策をより効果的なものにするための極めて重要な『丘』が他にある。集団的自衛権の承認や武器輸出三原則の一段の緩和などだ」

「解釈改憲は『丘』であり、安倍政権は一年に満たない期間で登り切ることができる」*3

（以上抜粋、〈 〉内は筆者）

その後の安倍政権は、武器輸出三原則の廃止、憲法解釈を変更しての集団的自衛権の行使容認（いずれも二〇一四年）と、この発言で指摘されたとおりに政策を進めた。

## 同盟関係における日米の狙い

「アーミテージ・ナイ報告書」の提言やマイケル・グリーンの発言には、徐々に力を落としているアメリカの外交政策にとって、日本の使い勝手がさらによくなるように、との狙いもあった。

衰退するアメリカを象徴するのは「国防予算の大幅削減」である。巨額の国防費を削減するために、アメリカは「二正面作戦」からの離脱を表明するに至ったとされる。即ち、アメリカは世界の一つの地域で大規模紛争に対応する場合、もう一カ所の大規模紛争に同時に関与する能力をあきらめ、一カ所の大規模紛争には関わるものの、あらたな紛争については これを抑止するにとどめる戦略に切り替えたとされる。

このように軍事力を縮減せざるをえないアメリカが日本に期待してきたのは、世界におけるアメリカの軍事行動の一部を担当してほしいということと、台頭する中国に対するアジア太平洋地域における役割分担である。

他方、こうしたアメリカの狙いに沿って日本の政策を進めることは、日本の安倍政権にとっても二つの面からメリットがある。

一つは、日本が軍事力をつけてアジアおよび世界で存在感を増し、国の影響力を高めるという面でのメリット。

もう一つは、アメリカに振り向いてもらうために、アメリカの期待することに応えていくという面でのメリットだ。

その背景には、アメリカとの関係を強化する以外に、アジアで日本の繁栄を保つ方法はない、との考えがある。軍事力をつけて対アメリカでも自立したいと考える人も少なくないかもしれないし、トランプ政権となってからそのような声も増えているとはいえ、現実的な意見としては多くない。アメリカとの関係重視を明確に述べている代表的な国際政治学の専門家には中山俊宏《なかやまとしひろ》慶應大学教授がいるが、トランプ当選により大きなサプライズを想定しなければいけないような事態もありうるとしつつ、なお、「それでも現今の東アジア情勢、日本の能力を前提にすると、米国を選択することが日本としては一番合理的です」と述べている。*4 アメリカとの関係を強化する以外に日本にはこのアジア太平洋地域において平和を保つ選択肢はないとの意見は日本において根強い。

## 「ワシントンシステム」とは

米政府発表ではない「アーミテージ・ナイ報告書」や、民間シンクタンクの研究員であるマイケル・グリーンなどの発言が、なぜ、これほどまでに日本の政策に影響力を持つのだろうか。

その理由を理解するには、まず、アメリカの政治システム、とりわけ日米外交をめぐる「ワシントンシステム」を理解する必要がある。

アメリカでは、共和・民主の政権交代が四年、八年といった単位で繰り返され、そのつど約四千人ともいわれる政府高官が入れ替わり、新しい政策を実行していく。

政権を出た人たちは、シンクタンクや大学、企業などに籍を置き、政権に戻るのを待ちながら研究や政策提言を行い、それまでシンクタンクなどにいた人々が政権に入り、実務を担う。政権交代の際に政府高官を入れ替えるこの制度は、「回転ドア」とも呼ばれる。

このシステムを可能にしているもののひとつが、シンクタンクである。

シンクタンクとは、政党などに所属しない独立した立場から、社会・政治・経済などについて政策研究や政策提言を行う非営利団体の総称だ。

日本でもシンクタンクが活動しているが、大規模なものは野村総合研究所、三菱総合研究所、キヤノングローバル戦略研究所など企業の傘下にあるものや、日本国際問題研究所のように政府と関係が深いものが多く、アメリカのシンクタンクとはかなり異質のものである。

アメリカのシンクタンクでは、「アーミテージ・ナイ報告書」のようにさまざまな国内外の問題について報告書を発表し、シンポジウムを開催し、インターネットやメディアで情報を拡散して諸々の問題について政策提言を行っている。

「回転ドア」システムにより、主要シンクタンクの上級研究員は、数年後には自分が出した提言を、自ら政権内部から政府として実行する立場になりうる。

たとえば、「シンクタンク・インデックス報告書」（ペンシルバニア大学と市民社会プログラム編、二〇一六年）のシンクタンク・ランキングで八年連続一位となったブルッキングス研究所（民主党系のシンクタンクとも言われる）は、スーザン・ライス元大統領補佐官（国家安全保障担当）や、ジェフリー・ベーダー元NSCアジア上級部長を輩出した。いずれも、オバマ政権の重要な役職であった。

一方、政権から抜けた人々は、次に自らの支持政党が政権に復帰するまで、シンクタンクなどをベースに活動する。主要シンクタンクの上級研究員には、元政府関係者も多い。

シンクタンク在籍中は、発言も活動も政権内にいたときより自由であるという点も手伝って、皆、精力的に政策を提言し、議会での公聴会証言や政府委託の研究業務などを行い、政界有力者が参加する勉強会を催し、各国政府や経済界のアドバイザーを務めるなどして、直接間接に政権内への影響力を行使する。

肩書きは「シンクタンク上級研究員」であっても、日本で同様の肩書きを持つ民間人とはまったく異なる影響力を持ちうるのも、「回転ドア」という政治システムがその大きな理由の一つである。

**シンクタンクの影響力**

ワシントンにはシンクタンクが数多く集まっている。

前述の「シンクタンク・インデックス報告書」によると、評価対象とされた米国内の一八三五のシンクタンクのうち、三九七がワシントンにある。人口わずか六十五万人の小さな街に、これだけの数のシンクタンクがひしめいているのだ。

ちなみに、ワシントンの主要保守系シンクタンクの一つへリテージ財団は、トランプ候補の当選後、財団の設立者であるエド・フルナー前所長がトランプ陣営の政権移行チームに加わり、アドバイザー的存在となった。

この章の冒頭に登場した河井克行首相補佐官は、安倍・トランプ初会談に先立ってへリテージ財団を訪れ、ジム・デミント現所長と会談したと報じられていた。その訪米の機会において、同補佐官は、ワシントンで他の三つのシンクタンクの上級幹部にも会い、意見交換したという。

このトピックは、在ワシントンのシンクタンクの影響力がいかに大きいかを示している。日々、世界各国の首相・大臣クラスの政治家がワシントンを訪問し、会談・交渉・講演などを行い、主張を訴えている。シンクタンクがその受け皿になることも多い。

たくさんの催しが開かれ、その場自体が、世界中の政策に多大な影響力を有する者の集まりとして、講演者・参加者の意見交換やネットワーク作り、ひいては、交渉の場となる。こうした場には、各国大使やアメリカを含む各国の現政権関係者も参加する。

メディアも積極的にシンクタンクの催しに参加し、シンクタンクを重要な情報源としている。ワシントンのシンクタンクでの日本関連のシンポジウムや講演には、日本の報道陣が勢揃いすることも少なくない（その場に米メディアがいないことも珍しくない）。

こうしたシンクタンクでの催しの多くは、ウェブサイトで公開され、世界中の人々の目に触れることになる。

「シンクタンクや知日派グループがアメリカで強い影響力を持つと日本で認識されている

のは、日本のメディアが作り出した神話だ」と、私に話す知日派がいた。確かに、シンクタンク発信の情報がただちにアメリカ政府に伝わりアメリカの政策の変更に繋がるのか、というとそうではない場合も多いだろう。これだけ日本で名を馳《は》せてきたアーミテージ氏についても、アメリカでは既に過去の人で影響力はない、と話す人もいる。

ワシントンのシンクタンクでは、日本関連のシンポジウムが日本の資金で開催されることがよくある。聴衆の多くは日本人で、それを聞いた日本人が報告を書き、「ワシントン情報」として日本に送る。

その情報の影響力は大きく日本に跳ね返り、日本政府が望む方向へと世論を形成するのに大きな効果を発揮する。それも、彼が「神話」だと言うシンクタンクや知日派グループの日本における影響力である。日本人は自らの手によって「神話」を現実のものとすべく懸命に働きかけ、そして実現していく。

**「日本は二級国家にはなりません」**

現在、少なくともトランプ政権が根本的に今までと異なる体制で対日外交政策を作っていくと決定するようなことがあるまでは、日本に対して最も強い影響力を有するシンクタンクは、CSIS（在ワシントン）である。

二〇一三年二月、政権を民主党（当時）から奪還した直後の安倍首相はワシントンを訪問し、ホワイトハウスでオバマ大統領と会談したあと、CSISで講演した。

この講演会には、対日政策を担ってきたリチャード・アーミテージ元国務副長官、トーマス・シーファー元駐日大使らが出席し、ジョン・ハムレCSIS所長が司会として冒頭挨拶《あいさつ》を行い、マイケル・グリーンCSIS日本部長がコーディネーター役を務めた。

講演の冒頭で安倍首相は、「日本は二級国家にはなりません」と述べた。

これは、前年に発表されていた「アーミテージ・ナイ報告書」第三弾に対する返答であった。

「アーミテージ・ナイ報告書」第三弾の序章には、日本国内の政局の混乱（六年間に六人の首相が交代したこと）や、日米関係が「漂流（drift）」していることが指摘されていた。そして、「日本は一級国家（tier-one nation）であり続けたいのか、それとも二級国家に転落してもかまわないのか？　もし日本が二級国家に甘んじるなら、この報告書は不要であろう」と書かれていた。

安倍首相は、報告書の代表執筆者の一人であるアーミテージ氏の目の前で、日本が「一級国家」であり続けることを誓ったのだった。それは、とりもなおさず、報告書で勧告されていた経済力・軍事力の強化などに努める、ということでもある。

講演途中にも、安倍首相はジョン・ハムレ氏やマイケル・グリーン氏に「ジョン、マイク」と呼びかけ、親密さをアピールした。

民主党政権により日米同盟が危機に陥ったとよくいわれるが、この講演によって、五五年体制下で築かれてきた日米間のチャンネルが、自民党の政権復帰により再び表舞台に登場したことが示された。表舞台に返り咲いた日米外交の強力なチャンネルも、「ワシントンシステム」の上に成り立つものであった。

**アメリカを通しての強力な日本への発信**

このときの安倍首相訪米への注目度は、アメリカ国内では特に高いものではなかった。安倍首相をCSISの講演会場で迎えた人々の外交プロトコール（国際儀礼）上の地位は、一国の総理大臣よりかなり低く、オバマ政権内の人々は会場にはいないようであった。

にもかかわらず、安倍首相が進んでCSISで講演を行ったのには理由がある。ワシントンのシンクタンクで行われる講演は、知日派を中心に構成され対日政策を司る「ワシントンの日本コミュニティ」への一番の発信方法であるからであり、また、その結果、アメリカや日本の実際の政策へ影響力を与える情報発信となるからである。

対日本の関係において「ワシントンでの発表」は日本メディアでの扱いが破格に大きくなることが多い。首相の講演に限らず、日本メディアは日々、「ワシントンにおいて誰それが……という発言をした」と報じているが、それらがシンクタンクにおける発言であることも多い。

たとえば、二〇一一年九月に、当時民主党の政調会長だった前原誠司《まえはらせいじ》氏が、ＰＫＯの武器使用制限緩和や武器輸出三原則の見直しをワシントンのシンクタンクの講演会で述べたときには、朝日新聞夕刊の一面トップ記事となった。当時、政府内にいなかった前原氏が同じ内容の講演を日本でしても、このように大きく報道はされなかっただろう。

このワシントン発の情報の影響力をよく理解して、重要事項をあえてワシントンで発表する政治家もいる。石原慎太郎《いしはらしんたろう》元都知事が尖閣《せんかく》諸島を購入すると発表したのも、ワシントンのシンクタンクであるヘリテージ財団での講演においてであった。

なお、付け加えれば、日本の新聞各社は夕刊で取り上げるためのネタを探しており、時差のあるアメリカ発の情報を夕刊で大きく取り上げがちであるという傾向も指摘されねばならない。即ち、日々、新聞各社は午前中に夕刊のための記事を用意するが、日本国内では午前中だけでは紙面をカバーするほど大きなニュースがないことも多い。そこで、地球の裏側でちょうど一日を終えたアメリカの一日分のニュースを現実の重要性以上に大きく取り上げる、ということがしばしば見られるのである。

### 米シンクタンクとの密接な関係

ＣＳＩＳは、数あるワシントンのシンクタンクのなかで唯一、恒常的に大規模な日本部を置いてきた。その日本部の人員やワシントンのシンポジウムの開催回数、「アーミテージ・ナイ報告書」などの日本関連出版物の発行部数やその影響力などからしても、日本関連では最も活発なシンクタンクといってよい。

他に、雑誌「フォーリン・アフェアーズ」を発行する外交問題評議会（Council on Foreign Relations, ＣＦＲ）、ブッシュJr.政権の副大統領だったチェイニー氏が理事を務めるアメリカン・エンタープライズ・インスティチュート（ＡＥＩ）、そして、トランプ大統領の政権移行チームをサポートした、保守的と評されるヘリテージ財団がある。また、数年前には、カーネギー国際平和基金、ブルッキングス研究所、米国先端研究所（Center for American Progress）などが、日本研究者を招いた。

シンクタンクの予算は、政治への影響力の高まりとともに増加している。ブルッキングス研究所の予算を例にとると、二〇〇三年度には三九二二万五〇〇〇ドル（約三九億円）だったが、十年後の二〇一三年度には約二・五倍の九五二六万ドル（約九五億円）に増加した。

シンクタンクは個人や団体からの寄付や資金運用、調査委託費、出版物の発行による利益などで運営されている。寄付などとして提供される資金額は、ごくわずかなものから二億円超までさまざまだ。

たとえば、日本関係で大きな影響力を持つＣＳＩＳに二〇万ドル（約二〇〇〇万円）以上の資金提供をした企業のリストには、米石油大手のエクソン・モービル社をはじめ、シエブロン社、ロッキード・マーティン社、ボーイング社などの名前が並んでいた（二〇一五年度）。エクソン・モービル社のＣＥＯは、トランプ新政権の国務長官に就任したレックス・ティラーソン氏である。

二〇一四年九月、ニューヨークタイムズ紙は、外国政府が米国シンクタンクに多くの資金を提供し、米政府に影響を与えようとしていると報じた。

二〇一一年以降、少なくとも六四カ国の政府が、アメリカの主要な二八のシンクタンクに資金提供したという。これは、アメリカの政策決定権者たちが、シンクタンクを通じて無意識に外国政府の影響を受ける可能性があるとの指摘である。

日本からも、長期にわたって有力シンクタンクへ資金提供が行われている。

一例を挙げると、ブルッキングス研究所には、二〇一六年予算年度に、日本の政府系の資金としては、国際交流基金日米センターおよびＪＩＣＡ（国際協力機構）から各々二五万〜五〇万ドルの資金提供を、日本大使館から一〇万〜二五万ドルの資金提供を、航空自衛隊や国際協力銀行（ＪＢＩＣ）から各々二万五千〜五万ドルの資金提供を受けている。[*5]

ＣＳＩＳには、日本政府が毎年五〇万ドル以上の資金提供を行っているが、ウェブサイトの資金提供国リストには五〇万ドル以上との掲載があるだけで実際の金額は不明である。日本政府は国家からのＣＳＩＳへの資金提供者としては最高額を提供した国の一つとしてランク付けされており、同じ五〇万ドル以上の資金提供国としては他にアラブ首長国連邦（ＵＡＥ）とアメリカ合衆国の二か国が掲載されている。[*4]

日本に対して安全保障戦略への積極的な取り組みやＴＰＰの締結の推進を勧告してきた「アーミテージ・ナイ報告書」は、日本政府の資金提供を受けているＣＳＩＳから出版されているわけである。

多くの日本企業もこれらシンクタンクに多額の資金提供を行っており、例えばブルッキングス研究所については、上位資金提供者だけを挙げても、トヨタ（一〇万～二五万ドル）、全日空、日立財団、三菱商事（米州）、日本経済新聞社、野村財団（以上、各々五万～一〇万ドル）、三菱東京UFJ銀行、北米ホンダ、国際経済交流財団、丸紅米国、三菱重工業（アメリカ）、双日米国、三井住友銀行（以上、各々二万五千～五万ドル）などの企業が名を連ねている。*6

CSISへの資金提供者としても、笹川平和財団（二〇万～五〇万ドル）、三菱商事、日本経団連、NTT（以上、各々一〇万～二〇万ドル）、富士通、丸紅（六万五千～一〇万ドル）、キヤノン、日立、ホンダ、伊藤忠商事、三菱重工、三井物産、双日、住友商事、三井住友銀行、トヨタ（以上、各々三万五千～六万五千ドル）などの企業が名前を並べている。*7

なお、CSISは二〇一三年にヘッドクオーターの大きなビルを新築したが、その建設のための資金提供者としても多くの個人・団体が名前を並べている。五百万ドル以上の資金提供者として、ティラーソン国務長官の出身であるエクソン・モービルの名が再び挙がっている。五百万ドル以上と言えば、日本円で五億円以上でありたいへんな高額の資金提供であるが、日本からも京セラ元会長の稲盛和夫氏が個人でこの金額を提供している。*8

それに加えて、多くの日本企業、官庁、マスメディアが、シンクタンクに客員研究員を送っている。CSISのウェブサイトによると、二〇一七年二月現在、CSISには丸紅、JETRO（日本貿易振興機構）、富士通、防衛省、朝日新聞、経団連、公安調査庁、NEC、警察庁、東京海上日動、内閣官房、NTTデータから派遣された客員研究員が在籍している。*9 自民党の小泉《こいずみ》進次《しんじ》郎《ろう》議員も、国会議員に立候補する前にCSISに「研究員」として、在籍していた。

ここ数年、日本政府がさらに多額の資金をワシントンのシンクタンクの日本研究に提供しており、シンクタンクではあまりの多さに使い道を探している、などとワシントンの関係者の間ではもちきりになっていた。アメリカにおけるアジア政策についての議論のなかで、日本の存在感が小さくなり、日本が無視されている、という危機感を抱いた日本政府や民間団体、企業などが日本に関する研究に多額の資金を提供するようになったのである。*10

日本政府が国会議員の質問に応じて作成した資料「日本政府によるシンクタンク等に対

する財政支援」によれば、内閣官房国際広報室が、平成二十五年度に一・五億円（米国において、計一二の有力シンクタンクなどと連携）、平成二十六年度に三・四億円（米国、欧州、アジア大洋州の計九カ国において、計二一の有力シンクタンクなどと連携）、平成二十七年度に五・〇億円（米州、欧州、アジア太洋州の計一一カ国において、計二七のシンクタンクなどと連携）を拠出したとされている。

また、安倍首相が、二〇一五年四月の訪米の際に、アメリカの大学へ多額の資金提供を発表したことがニュースになったが、同資料はその点についても記載している。「平成二十七年四月二十七日、訪米中の安倍晋三内閣総理大臣は、マサチューセッツ工科大学を訪問した際に、同大学を始めとする米国三大学に対し、日本研究を支援するための拠出を行うことを発表しました」とあり、拠出予算額は、「コロンビア大学（平成二十六年度補正予算）：四億八千五百万円　ジョージタウン大学（平成二十七年度予算）：五億五千万円　マサチューセッツ工科大学（平成二十七年度予算）：五億五千万円」と記載されている。

それぞれ、各都市の著名な知日派のいる大学で、ニューヨークのコロンビア大学（筆者の母校でもある）はジェラルド・カーティス氏（当時）が、ワシントンのジョージタウン大学はマイケル・グリーン氏が、マサチューセッツ工科大学はリチャード・サミュエルズ氏が教鞭《きょうべん》を執っている大学である。将来の知日派を育てるためとして支出されたが、その金額の多さから日米外交に関わる人々の間で話に上がることも多かった。

しかし、こうした事実は日本ではほとんど知られていない。

この資金は、今後の日米外交にどのような影響を及ぼすのか。日本国内政治にどのような声を運ぶ「アメリカ」がこの資金で作り上げられるのか。明確な答えはもちろんわからない。しかし、この規模の資金が、万が一にも日本政府の意見とは異なる立場のアメリカの日本専門家に提供されるようなことがあったら、日本に届く「アメリカの声」はどのように変わるだろうか。それを考えるたびにこの資金提供の意味の大きさを痛感する。

## 「ワシントン拡声器」の効用

ワシントンは世界中の問題についてアジェンダ（議題）設定能力を有し、評価を与え、権威づけを行うといわれる。

アジェンダ設定能力とは、「世界が注目するテーマの設定をする能力」のことである。たとえば、ワシントンで「ウクライナが問題だ」とされれば、次の日にはウクライナ情勢が世界中で問題として扱われる。また「シリアが問題だ」とされれば、今度はシリアが世

図1）ワシントン拡声器

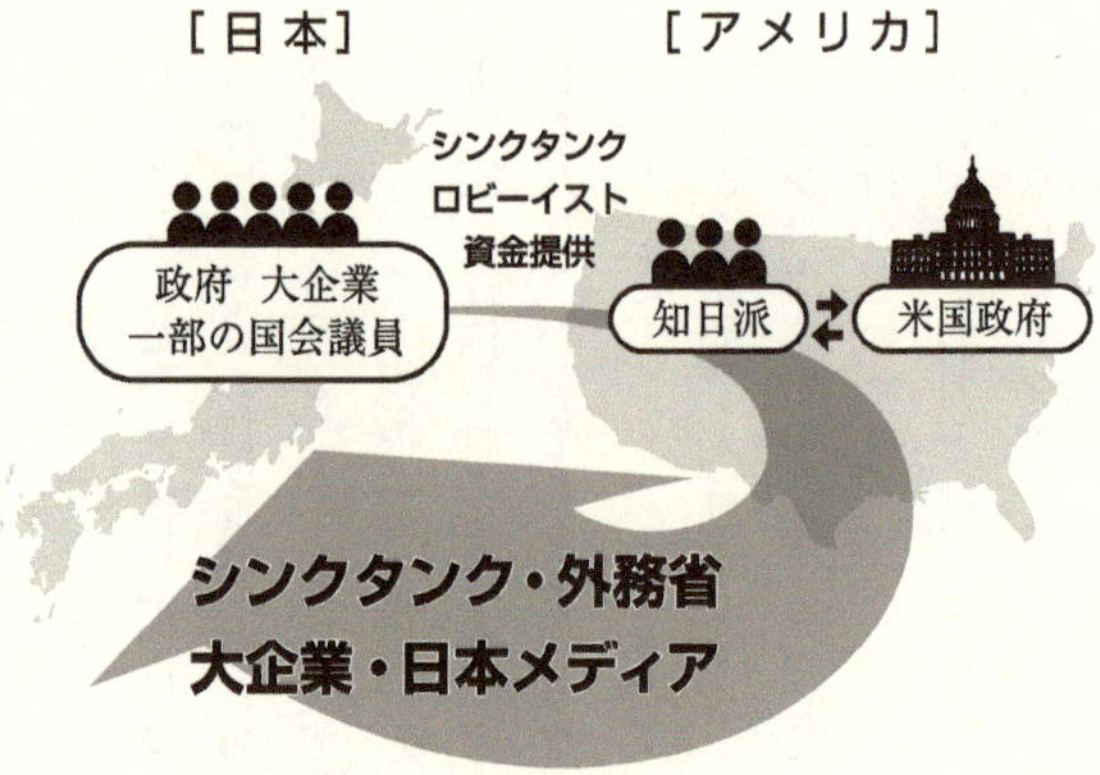


界中で問題になる。

つまりワシントンには、「これが今の世界の課題です」とアジェンダを設定し、それを世界中に発信する力がある。

繰り返しになるが、ワシントンのシンクタンクの発表物や、シンクタンクでの日本の政治家の講演なども含めた「ワシントン発」のニュースは、ことに日本では大々的に報じられる。河井克行議員がワシントンの複数の知日派から「集団自衛権行使容認の閣議決定が重要」とのお墨付きを受けたときも、「アーミテージ・ナイ報告書」第三弾が発表されたときも、日本のメディアが大きく取り上げたことは、これまで述べてきたとおりである。

日本国内ではニュース性のないことでも、ワシントンで話せば、日本では「重大なニュース」になる。その取り上げられ方は、国内発表の比ではない。ワシントンのこのような力を知る日本人は、自らの推す政策を日本国内で進めるために、ワシントンをうまく使っている。

このワシントンがもつ力の効用を、私は「ワシントンの拡声器効果」と名付けた。その仕組みは、こうである。（図1）

・一部の日本人が、アメリカの知日派やシンクタンクなどに資金や情報を与える。
・与えられた情報に基づき彼らが発言をしたり、報告書を発表したりする。
・日本の政府やメディアが、アメリカ側から出てくる情報のなかから、自分たちの推進したい政策の追い風となる情報を選択し、選択した情報を、「ワシントン発」の声として日本に向けて「拡声」しながら伝える。
・アメリカの影響力を追い風に、日本国内で自分たちの望む政策を実現する。

なお、東京―ワシントン間には、既存の外交チャンネル以外に、他に情報を交換・共有するルートが存在しない。この既存のチャンネルにおいては、アメリカ側のカウンターパートが知日派とその他一部に限られており、情報が伝わる先が非常に限られている。日本側も前述したとおり資金力のある政府や企業のみがシンクタンクやロビイストを使い、ワシントンに情報を運んできたのが既存の日米外交の姿である。

即ち、限られた日本の情報のみが限られたアメリカの相手に届いているにすぎないのが日本外交の現状なのである。逆方向のアメリカから日本への情報の流れも同様で、日本に届いているのは、限られたアメリカの情報のみである。

極めて細いパイプしかないのが日米間の外交なのである。

だからこそトランプ政権となり、既存の外交チャンネルがいっさい使えない、となった時に、日本の政府が大きく動揺した。

この日米外交の仕組みはあまりにも民主主義的でないにもかかわらず、日本の社会にあまりにも知られていない。明らかになっていない情報も多く、シンクタンクやロビイストに日本政府がどのように資金を提供しているかなどは、アメリカの資料を丁寧に調べてやっと提供金額が一部明らかになるという程度である。情報をコントロールしたい側は、このシステム自体も隠しておきたいと思っているだろう。しかし、日本の政策に大きな影響を与えるこのシステムはもっと多くの日本の人々に知られ、常時、他の日本の政策同様、一般の人々の監視、批判の目にさらされねばならない。

**ＴＰＰ推進は「日米財界の声」**

日本の政府や財界は、「ワシントン拡声器」を最大限に活用するために、アメリカの主要シンクタンクや、アメリカ側に働きかけを行うロビイストなどに膨大な資金を投入している。

たとえばＴＰＰに関しては、ＣＳＩＳに対し、ＪＥＴＲＯから過去四年間で総額一億一〇〇〇万円が、日本政府からはロビイストファームの Akin Gump 事務所に対して二〇一一～一三年の三年間で一億三六〇〇万円が支払われたと、ニューヨークタイムズ紙で報じられた（二〇一四年九月六日）。

ＣＳＩＳで行われたクローズドの米政府関係者の出席する会議にＪＥＴＲＯの職員が出席を許され、ＣＳＩＳが開催したＴＰＰ推進のセミナーでは、ＪＥＴＲＯのＣＥＯが基調講演の機会を得た。

また、日本政府がロビイングを委託した Akin Gump 事務所は、二〇一三年一〇月、米議会にTPP議員連盟を創設した。CSIS開催のシンポジウムにはTPP議員連盟の共同議長二人が登壇し、逆に、米議会の場ではCSISの研究者がTPP推進という日本政府の意に沿った発言をした。

これらの活動には日本政府が提供した資金が完全に、あるいは一部間接的に関与しているが、日本のメディアで報じられるのは、「米議会にTPP議員連盟ができた」といったことだけである。「TPP議員連盟は日本政府が雇ったロビイストが作ったものだ」とか、「こうした活動には日本から資金が流れている」といったことは報道されない。

TPP推進は日米財界が後押ししたものだったが、当初、日本の報道は、日本の意向よりもなによりもまずは「アメリカの強い意向を受けて」という論調だった。

ところが、二〇一六年のアメリカ大統領選においては、民主・共和の両党の候補者が共にTPP反対を掲げて戦った。当選したトランプ氏は、実際に就任後にTPPを離脱してしまった。数年前にアメリカから追い立てられた記憶も新しい日本には「いったいこれはどうしたことだ?」と、驚きを覚えた人が少なくあるまい。

すでに周知のとおり、アメリカの世論は「TPP賛成」一色からはほど遠い。米大統領選では、候補者は一般国民の声に向き合わなくてはならないから、各候補はTPPに反対したのである。理由やトーンにはさまざまあれ、米議会のなかにもTPPに懸念を示す議員は少なくない。そして、それは今に始まったことではなく、二〇一〇年に日本がTPP協議入りしたときに既に何人もの議員がアメリカでTPPに反対をしていたのである。

日本でも、菅直人《かんなおと》首相（当時）がAPEC（アジア太平洋経済協力）で「交渉参加に向けてTPP協議入り」を宣言したとき、日本の多くの議員が反対に回った。しかし、当時の日本の報道には、「とにかくアメリカはTPP推進であり、日本はこのバスに乗り遅れてはならない」というムードが漂っていた。

当時政権を握っていた民主党にも、TPPに反対する議員が数多くいた。閣僚経験をもつ民主党（当時）のある議員からTPP反対のロビイングをアメリカで手伝って欲しいという依頼を受けたことがある。まだアメリカはTPP推進一色というイメージのみが日本に広がっていた当時、私が、アメリカにはTPPに懸念を示している議員のワーキンググループ（米連邦議会下院・貿易ワーキンググループ（House Trade Working Group））があるる旨伝えたところ、この議員は「アメリカにもTPPに懸念を示している議員がいるのか」と、とても驚いた様子であった。しかし、ワシントンに戻り、その議員の面談依頼を米議員の事務所に伝えたところ、補佐官の反応は「日本にＴＰＰに反対している人たちが農協以外にいるんですか⁉　議員にも⁉」というものであった。

つまり日米間で流通していた情報は、明らかに「ＴＰＰ推進」に偏っていた。日本国内、アメリカ国内、それぞれの国内では「ＴＰＰ反対」の意見があっても、その声は相手には伝わっていなかったのである。

お互いにまったく相手国の状況がわかっていない。立場を同じくする人たちが国を超えて政策テーマで一致し、協力すればできることも多いだろう。多様な意見が議論に活《い》かされる可能性も広がっていく。

このように、一部の情報だけが国境を越える状況においては、「アメリカの声」として日本に届けられる情報に接するときには、「アメリカとは誰か？」を、よく考えなければならない。

そもそも、日本国内では自民党にすらＴＰＰに反対の議員が数多くいた。民主党から自民党に政権交代となった二〇一二年十二月の衆院総選挙では自民党は「ＴＰＰ反対」を公約の一つに掲げていた。

たまにテレビのニュース番組などで揶揄《やゆ》されることがあるが、このときの自民党の選挙ポスターには、

「ウソつかない。TPP断固反対。ブレない。日本を耕す!! 自民党」

と、大書されていた。今でもこのポスターが残っているところがあるかもしれない。

この選挙で大勝し、政権を奪回した自民党は、第二次安倍内閣で、「断固反対」だったはずのTPPについて、「推進一色」となった。

二〇一六年四月七日の衆議院TPP特別委員会で、民進党の柿沢未途《かきざわみと》議員はこの点を突き、かつては断固反対と言っていたTPPに活路を見出《みいだ》そうとしているのではないか、と安倍首相に質問した。

すると安倍首相は、こう答えたのである。

「私自身は、TPP断固反対などと言ったことは一回も、ただの一回もございませんから。まるで私が言ったかのごとくの発言は慎んでいただきたい」*11

しかし、二〇一二年十二月の総選挙で「ウソつかない。TPP断固反対。ブレない。」のスローガンを掲げたとき、安倍氏は自民党総裁だったのである。このような詭弁《きべん》が許されるだろうか。

「アメリカのバスに乗り遅れるな」から、「乗ったらバスの運転手がいなくなった！　自分たちでバスを運転するしかない」という状況に陥った日本政府は、トランプ氏当選後、「元のTPP推進の方針に戻ってください」と懸命にトランプ氏に働きかけを続けたが、結果は先に述べたとおり、大統領就任直後の正式離脱表明となった。

## 「アメリカの声」により原発ゼロ閣議決定見送り？

「アメリカの声」は、日本政府や日本の大手メディアに常に選別され、彼らが流したくないと思う情報は日本に運ばれない傾向にある。その典型例とも言えるのが、日本における原発の使用済み核燃料再処理の問題だ。

二〇一一年三月に起きた東京電力福島第一原子力発電所の事故が大きな転機となり、日本では「脱原発」の声が一気に高まった。

そうした声に押されて、二〇一二年九月、民主党政権末期の野田《のだ》政権が、二〇三〇年代の原発稼働ゼロを目指す「革新的エネルギー・環境戦略」を閣議決定しようとした。

このとき日本では、「アメリカが日本の原発ゼロ政策に反対している。考え直せと言っている」という報道が次々と流れた。

二〇一二年九月十三日には、日本経済新聞が「日本、原発ゼロ再考を」の大きな見出しとともに、ＣＳＩＳのジョン・ハムレ所長の寄稿を掲載。ハムレ所長は他にも、日本の原発の議論について、「日本が原発を放棄するということは、米国にとって日本がもはや、グローバルな問題でタッグを組む相手でなくなることを意味する」といった強いメッセージを何度も発信している。

また、ＮＳＣ（国家安全保障会議）のマイケル・フロマン補佐官（当時）も、閣議決定への懸念を表明したうえで、「プルトニウムの蓄積は、国際安全保障のリスクに繋がる」と発言。米民主党系シンクタンクＣＮＡＳ（新米国安全保障センター）のパトリック・クローニン上級顧問も「具体的な行程もなく、目標時期を示す政策は危うい」と、野田政権が模索する閣議決定に注文をつけた。

九月十八日には朝日新聞が、レオン・パネッタ国防長官（当時）が閣議決定案について日本に説明を要請したと報じた。

そして結局、野田政権はこの閣議決定を見送ることになったのである。

具体的に言えば、「革新的エネルギー・環境戦略」の原文を閣議決定するのを見送り、「今後のエネルギー・環境政策については『革新的エネルギー・環境戦略』を踏まえて、関係自治体や国際社会等と責任ある議論を行い、国民の理解を得つつ柔軟性を持って不断の検証と見直しを行いながら遂行する」との表現にとどめた文章で閣議決定したのである。

九月二十二日、東京新聞は一面トップで次のように報じた。

「閣議決定回避　米が要求　原発ゼロ『変更余地残せ』」

この記事によると、野田内閣が「二〇三〇年代に原発稼働ゼロ」を目指す戦略の閣議決定の是非を判断する直前に、アメリカ政府側が閣議決定を見送るよう要求していたという。

このように、当時の日本の報道では、「二〇三〇年代原発稼働ゼロに対する米国の反対」が強調されていた。脱原発を求めて運動していた人たちからは、「アメリカにやられた」との声が聞かれた。

## 「ワシントン拡声器」に乗らない声

福島第一原発事故当時、私はワシントンに留学していた。

当時のアメリカには、日本の原発ゼロに対する懸念の声も確かに存在した。

原発関連企業や原子力エネルギーの発展のためのシンクタンクなどに所属するいわば「原発関連・専門家グループ」に属する人々は、当然のことながら、日本の早期の原発再稼働を求める発言を繰り返していたし、日米外交や日本政治を専門とする「知日派グループ」の人々も、「早く原発再稼働を」との声を上げていた。

たとえば、二〇一一年十一月に発表されたCSISと経団連の共同プロジェクトによる報告書「復興と強い未来のためのパートナーシップ　三・一一以後の日本とともに(Partnership for Recovery and a Stronger Future, Standing With Japan After 3.11)」では、日本の脱原発への懸念が示され、その理由として経済に悪影響を与える、失業者が増加する、原発の海外輸出が日本政府の成長戦略のカギ、原発の安全基準や核不拡散の分野において日本は国際的なリーダーであり続けるべき、などといった点が挙げられていた。

この報告書の表紙には、CSISのマイケル・グリーン氏と経団連のアメリカ代表が名を連ねていた。私はCSISで開催された報告書の発表会場にいたが、そこにはカート・キャンベル国務次官補と藤崎一郎《ふじさきいちろう》駐米大使（ともに当時）も出席し、藤崎大使は冒頭挨拶で感謝を述べ、報告書を高く評価していた。その場には日本のメディアも勢揃いしていた。「ワシントン拡声器」の端的な例と言えるだろう。

また、二〇一二年八月にCSISから発表された「アーミテージ・ナイ報告書」第三弾では、冒頭にエネルギーの章が設けられ、原発再稼働を求める提言がなされた。

しかし、時に、アメリカ国内で脱原発に対する懸念以上に強く懸念が示されたのは、再処理に対してであり、また再処理により生じるプルトニウムの蓄積に対してであった。

原発から取り出した使用済み燃料のなかには、燃え残りのウランやプルトニウムなどが含まれている。それらを再利用できる燃料として抽出するのが「再処理」だ。日本では現在、国の政策として、使用済核燃料は全量再処理されることとなっている。

実は、野田政権は、当初、「原発ゼロ」と「全量再処理中止」の両方を目指すことも模索していた。

だが、青森県の反対などから議論途中で「全量再処理中止」の文言は削られた。青森県の六ケ所村《ろっかしょ》には再処理工場がある。国の政策に翻弄《ほんろう》され続けてきた青森県であるが、その結果、再処理工場を運営する日本原燃の社員のうち半数以上は青森県出身者で、施設工事などでも多くの雇用を生んでいる。青森県は、再処理見直しとなれば、保管する使用済み核燃料の県外への撤去を要求することとなる。

こうしたいきさつがあり、二〇一二年九月に野田政権が最終的に目指した閣議決定は、「原発はゼロ」「再処理は継続」という二つの要素を含むものになった。

これに対してアメリカから、「原発稼働ゼロとしながら再処理を続けるのは矛盾ではないか」「そんなことをしたら、プルトニウムが増え続けるではないか」といった意見が強く出されたのである。

再処理により抽出されたプルトニウムは核兵器に転用可能である。

原発の稼働は止めるのに再処理を続ければ、使うあてのないプルトニウムがどんどん増えていく（現在、日本はプルトニウムを国内外に四八トン保有している）。

核不拡散を掲げるアメリカは、「そのプルトニウムを日本は何に使うつもりなのか」「いずれ核兵器を持とうとしているのではないか」あるいは「そのプルトニウムがテロリストの手に渡りはしないか」と警戒し、野田政権の目指す閣議決定に対して、多くの専門家が非常に強い懸念を示したのだった。

しかし、日本では「アメリカが原発ゼロに懸念」ばかりが強調され、「アメリカが再処理に懸念」は、さほど報道されなかった。これもまた、「拡声器効果」の前提となる情報の選択という問題に繋がる。

のちに私は、原発をめぐる日米外交に詳しく、日本政府に近い存在の研究者から、「アメリカは、『原発ゼロを見送れ』という圧力を日本にかけようとはしていなかったと思う。

日本の原発推進側が、アメリカの力を借りたくて使った表現だった」という話を聞いた。

当時、日本に届いていた「アメリカの声」は、日本の原発推進派の意図が強く働いて選別されていたのかもしれない。この発言の裏付けをとるのは容易ではないが、再処理の継続に強い懸念を示すアメリカの声が、「ワシントン拡声器」に乗って拡散されなかったことは確かである。

なお、アメリカでは商業用再処理はカーター政権により無期延期とされて以来、行われていない。


日本の原子力エネルギー問題に関心をもつ専門家グループがアメリカには大きくわけて三グループ存在する。原発関連企業や原子力エネルギーの発展のためのシンクタンクなどに所属するいわば「原発関連・専門家グループ」、原発や核兵器の専門家ではないが日本そのものを研究・関心の対象とする「知日派」、アメリカの国是にも近い核不拡散を専門とする「核不拡散派」である。

これらのグループの日本との関わり方を見ると、「原発関連・専門家グループ」は日米の業界同士の繋がりを強く持っているグループであり、業界を通じて日本に自らの声を容易に運んでいる。また、「知日派」はこれまで述べてきたとおり日本への強力なパイプを持つ。しかし、「核不拡散派」は日本に対して十分なパイプを有していない。即ち、「核不拡散派」は、日本のメディア関係者や政府関係者、企業などと、他のグループに属する人々に比して繋がりが薄く、日本に対してその声を運ぶのに大変苦労をしている。

したがって、核不拡散派は日本の再処理に強い反対の立場をとるが、その声は日本に届きにくいことになる。

なお、知日派には、再処理に反対の人も賛成の人もいるが、アーミテージ・ナイ報告書にその記述がないことに表れるように、興味関心のレベルは低いと言えよう。何故関心が低いのか、と聞いたところ、「日本でもあまり問題になっていないのでは？」という回答を複数の知日派から聞いた。また、再処理問題のように日本がテコでも言うことを聞かない分野に関しては、知日派は、日本に対してあまり強く言わないともいえよう。

これに対し、核不拡散派は、再処理問題について懸命に日本に伝えようと努力を重ねている。

たとえば、二〇一五年九月と二〇一六年二月に、アメリカの元政府高官である核不拡散の専門家などが、米エネルギー省長官あての書簡のなかで、日本に商業規模の核燃料サイクル活動を延期させるべきという意見を表明した。

知日派と核不拡散派は対立する派閥ではないが、両者の間には連携がほとんどない。にもかかわらず、その書簡には二回とも、最も著名な知日派の一人、ジョセフ・ナイ氏も署名していた。聞けば、核不拡散派が懸命にナイ氏に秋波を送って仲間に入ってもらったとのことであった。

ナイ氏が署名したことはちょっとした驚きであったが、そのことが日本でほとんど報じられなかったことも、また驚きであった。

## アメリカ原発産業の斜陽化

"Nuclear power? That's a dinosaur technology."
ＣＳＩＳでエネルギー分野を専門にするある研究員の口から出てきた言葉である。「原発は恐竜みたいな古くさい技術だ。日本は、なんでそんなものに固執しているの？」というニュアンスだった。
私たちＮＤは、東日本大震災後に「日米原子力エネルギープロジェクト」をスタートさせた。これは、日本の原子力エネルギー問題を日米関係からひもとき、アメリカが日本の原子力政策に与える影響について調査・提言していくものだ。ＮＤが同時進行させている複数のプロジェクトのなかでも、力を入れて取り組んでいるものの一つである。

このＣＳＩＳの研究員の言葉は、私たちがワシントンやボストンを回り、原発産業に関わる人たちや元政府関係者などにインタビュー調査を行っていたときに聞いた言葉である。

ＣＳＩＳは日本に原発再稼働を求める提言を盛り込んだ「アーミテージ・ナイ報告書」第三弾の発行元である。同じシンクタンクの違う研究者間で異なる意見を持つことが許されることは当然とは言え、アメリカ政府に多くの人材を輩出し、日本政府に多大な影響を及ぼすＣＳＩＳの研究員ですら、原発を過去の遺物のようにとらえており、またその発言を躊躇《ちゅうちょ》なく行うことが大変な驚きであった。

実際、アメリカでは原発産業はすでに斜陽産業と考えられている。一九七九年のスリーマイル島原発事故後、アメリカでは原発に対する風当たりが強くなり、以後、原発の新設はほとんどなされていない。例外的にブッシュJr.政権が原発推進政策をとったが、現在建設が進んでいるのはサウスカロライナ州とジョージア州の二カ所計四基にとどまっており、その四基の建設も難航し遅延が続いている。二〇一六年一〇月にワッツバー原発が商業運転を開始したものの、この原発の建設開始は一九七三年であり何度となく遅延を繰り返した末の完成であった。そしてこの運転開始は新規原子炉の商業運転としては一九九三年以来の実に二十三年ぶりであった。

新設しても経済的にペイしないので、挑戦しようとする企業はほとんどないし、あってもウォールストリートの経済原理が許さない。市場原理に任せるアメリカに来てみれば、「原発のコストは安い」と主張する日本の原発推進派の声はたちまち色褪《あ》せる。

二〇一三年に一〇四基あったアメリカの原発は、二〇一六年には一〇〇基となった。「アメリカの原発産業は今後、さらに縮小していく」というのが多くの専門家の共通した意見だ。

しかし、こうした情報も日本にはあまり届いていない。日米外交を司る人たちは、「アメリカにおける原発産業の斜陽化」という現状を日本に伝えることに関心がないか、それを伝えることが自らの利益に反する人ばかりである。

**なぜ「アメリカ」は日本に原発維持を求めるのか**

原発産業の斜陽化が進んでいるにもかかわらず、なぜ「アメリカ」は日本に原発維持を求めるのだろうか。

NDでは、この点を含む「原子力エネルギーについてのアメリカの日本に対する影響」というテーマに絞って、アメリカの専門家（原子力、核不拡散、日米関係などの専門家）や、ホワイトハウス、NRC（原子力規制委員会）などの元政府関係者約三十人に、聞き取り調査を行った。

この調査で得た答えは、「原子力産業のパートナー、核不拡散のパートナーを失うから」「濃縮ウラン産業を主とする米企業の保護」「日本の原子力技術の衰退はアメリカの原子力産業に悪影響を与える」「ロシア、中国、インドが原発を推進する際に、アメリカとそのパートナーである日本が撤退することに対してのリスク」などさまざまであったが、なかなかすぐには回答の出せない専門家が多かった。

なかには、答えに迷った挙句、大変抽象的であるが、と断りながら「ドイツが脱原発をするなか、日本までやめてしまったら、原発に対するイメージが世界的に著しく悪くなるからなのでは？」という回答も複数あった。

原発再稼働を求める提言がなされた「アーミテージ・ナイ報告書」第三弾の発行元であるCSISに、日本政府が毎年巨額の寄付をしていることはすでに述べた。三菱、東芝といった原発関連企業も、CSISに毎年数百万円以上の寄付を行っている。

日本の原発再稼働を求める発言が繰り返し日本のメディアで取り上げられてきたCSISのジョン・ハムレ所長は、日本の原発に濃縮ウランを輸出しているセントラス・エナジー社の顧問である。

アメリカからの日本に対する「脱原発反対」の声。やはり、この声についても誰がどのような意図で日本にそのような声を流そうとしているのか、情報に触れる際に注意が必要である。

CSISでは二〇一三年六月に、「原子力エネルギーにおける米国のリーダーシップの回復（Restoring U.S. Leadership in Nuclear Energy）」という報告書を出し、「アメリカの原発産業の衰退を食い止め、これを強化することが、アメリカの安全保障にとって必須《ひっす》である」との主旨の提言をした。技術開発や輸出政策まで多岐にわたる観点から、アメリカ政府は原発産業の発展のための政策をとらなければならない、とする提言であった。

NDの原子力エネルギーについての訪米調査では、この報告書を例に挙げ、毎回、「『安全保障の観点から米国内の原発産業を強化すべき』という声があるようだが」と、同じ質問を繰り返したのだが、彼らの反応に驚かされた。ほとんどの専門家が、

「そんな提言は聞いたことがない」

と答えたのである。

彼らは、ＣＳＩＳの報告書の最終ページにある、このプロジェクトへの資金提供者の欄に注目した。

American Electric Power、アレバ、ＧＥ日立、三菱ニュークリア、ＮＥＩ（Nuclear Energy Institute　原子力産業の業界団体）、ウェスティングハウス……。

そこには、原子力関連企業や団体の名前がずらりと並んでいた。

もはや米国内ではマジョリティではない原発推進の立場をとる企業や団体が、ＣＳＩＳという「ワシントン拡声器」を使って、自分たちの声を広げようとしているのは一目瞭然だった。

ＮＤがインタビューした専門家たちは、口々にこう言っていた。

「この報告書の提言は、アメリカ国内ではまったく主流ではない」

これらのことも私たちに、「アメリカの声」とされる情報に接する際は、その声の主のバックグラウンドに注意しなければならない、と教えてくれる。

なお、原子力エネルギーをめぐる日米外交の問題については、『アメリカは日本の原子力政策をどうみているか』（岩波ブックレット　鈴木達治郎および著者編）をご参照いただきたい。

**戦後七十年にわたる日米の「共犯関係」**

これまで述べてきたことから、日本政府や日本の既得権益層は「対米従属」の姿勢を表では装いながら「ワシントン拡声器」を使って、実は自らの望む政策を推進していることが、おわかりいただけると思う。

憲法解釈の変更による集団的自衛権の行使容認のように、自分たちに都合のいい声をワシントンに取りに行き、それを「アメリカの声」として利用する。

原発問題では、自分たちに都合のいい「早く再稼働せよ」という声だけを選択して利用し、自分たちに都合が悪い「再処理継続への懸念」の声は拡散しないようにする。

ＴＰＰ問題のように、自分たちで「推進の声」を増幅し、「アメリカの声」として拡散させる。

沖縄の基地問題のように、著名な知日派のなかに「辺野古移設とは別の案の検討が必要だ」という声があっても、拡声器のスイッチを切り、まるで存在しないかのようにしてしまう。

それぞれ問題の分野は異なるが、基本的な仕組みは同じであり、メディアもこれに加担してきた。

「アメリカの声」とは何なのか？「アメリカ」とはいったい誰なのか？どんな意図があって、誰がその「声」を流しているのか？別の「声」もあるのではないか？

さまざまな疑問が出てくるのが、戦後七十年間続いてきた既存の日米関係だ。その関係は、「共犯関係」とも言える、いびつなものだった。

自分たちに都合のいい「声」が発せられるようにと、知日派を擁する主要シンクタンクや大学などに何億という資金を提供しているのは日本政府であるが、もとをただせば、その資金は国民の税金から出ている。こうした仕組みが日本国民にまったく知られていないのは、あまりに民主主義的ではない。

日本政府や日本の既得権益層が知日派を利用するメリットはいくつもあるが、なによりも、「費用対効果」も「時間対効果」がとても高いということがあげられる。であるからこそ多額の資金を政府が容易に振り向けるのである。

日本の政策に多大な影響を及ぼしていることをもって、アメリカの知日派を批判する人も日本には多いが、一歩引いて考えれば、別に彼らが悪いわけではない。知日派が日本に対して、自国アメリカの利益として最善だと思うことを「こうしてほしい、ああしてほしい」と言うのは、ある意味アメリカ人としてしかたのないことである（それがアメリカという国が進めるべき政策かどうかという点についての批判はありうるが）。これら知日派は、日本から資金を得られるからといって自分の意見を変えているわけではなく、日本から資金や情報を得、日本から発言の機会を得、その結果、日本に関心を持ち続けるインセンティブを得て効果的に発信し続けているだけなのである。日本からの資金提供により、もともと彼らが持っている価値観を曲げて発言しているわけではないだろうことは、私も承知している。

むしろ、自ら「対米従属」を選びながらそれを隠し続け、従属させられているような振りをしてきた日本政府のほうに問題がある。

その政府を選んでいるのは私たち日本国民である。私たちがこのような実態をしっかりと把握したうえで異議を唱え、いびつな共犯関係を正すために行動していかない限り、今後もこの構図は変わらないであろう。

## 不平等な日米地位協定

一度も改定されたことのない日米地位協定、在日米軍に対する思いやり予算、秘密保護法から安保法制にいたるまで青写真のように機能する「アーミテージ・ナイ報告書」などを見ていると、日本は一見、アメリカの属国のようにも思われる。

しかし、これらはある部分、「みせかけの対米従属」であり、自分たちにとって都合のいいよう「恣意《しい》的に選択された対米従属」である（政治学者の白井聡《しらいさとし》氏は「自発的隷従」という言葉を使っている）。

「恣意的に選択された対米従属」の典型として、日米地位協定を挙げることができる。日米地位協定は、米軍の日本駐留に関して、日本側の主権を制限する不平等な協定である。一九六〇年の締結以来、ただの一度も改定されたことがなく、協定の文言のみならず運用により、さらに不平等な状態となっている。

NDではさまざまなプロジェクトに取り組んでいるが、「地位協定の国際比較プロジェクト」もその一つである。

同プロジェクトでは、日米地位協定によって実際に生じた被害などを、①日本法の不適用・国際法違反、②環境問題、③航空機訓練の危険・爆音、④事件・事故時の対応、⑤日本側費用負担・税免除・特権、⑥刑事手続・裁判権、⑦民事賠償の七項目に分類し、協定上・運用上の問題点を示しながら改善案をまとめている。また、韓国・ドイツ・イタリアなど、他国がアメリカと結んでいる地位協定と日米地位協定との国際比較を行い、今後の対応策を検討している。

地位協定やその運用による日本の主権制限で生じる問題は、基地を抱える地域では後を絶たない。

沖縄では、二〇一六年四月に二十歳の女性が元米海兵隊員で事故当時は米空軍嘉手納基地で働いていた米軍属の男に強姦目的で襲われ、殺害されて遺体を山中に遺棄される事件が起こった。被疑者は基地外に住んでおり沖縄県警は身柄を確保できたが、基地内に捨てたと供述された遺体を運んだスーツケースは、県警が基地内に立ち入れないため見つかっていない（二〇一七年一月三十一日現在）。

同年十二月十三日には名護市沿岸で、米軍普天間飛行場所属の垂直離着陸輸送機オスプレイが墜落・大破したが、稲嶺名護市長は規制線に阻まれて現場を視察できなかった。

沖縄県の安慶田《あげだ》光男《みつお》副知事（当時）は、在沖米軍トップのローレンス・ニコルソン沖縄地域調整官に面会し抗議文を手渡したが、ニコルソン氏は「住宅や住民に被害を与えなかったのだから感謝されるべきだ」と、逆に不満を述べたという。面会後、安慶田副知事は記者団に、「植民地意識が丸出しで、とんでもない感覚だ」と憤っていた（その後、ニコルソン氏は記者会見で県民に謝罪したと報じられていた）。

二〇〇四年八月、沖縄国際大学に米海兵隊の大型ヘリコプターが墜落・炎上した事故でも、米軍が大学構内の事故現場を封鎖し、警官の立ち入りも制限した。報道陣が撮影できないようにカメラを塞《ふさ》ぐ米兵、墜落現場から追い立てられる沖縄県警や民間人。米軍支配下にある沖縄の現状を、まざまざと見せつけるショッキングなシーンだった。

沖縄県警の捜査要請は米軍に再三はねのけられ、沖縄県警が初めて現場検証を許されたのは事故から六日後で、すでに事故機や現場の土は米軍が持ち去り、日本側は十分な捜査を行うことができなかった。

基地内で環境汚染が発生した場合も、米軍が排他的な基地管理権を有しているため、日本側の基地への立ち入り調査は認められていない。基地返還時も、米軍は汚染された土地について原状回復義務を負わない。

一方、イタリアでは、米軍基地はすべてイタリアの司令官のもとに置かれ、米軍側は重要な行動を逐一イタリア側に事前通告し、作戦行動や演習、軍事物資や兵員の輸送、いかなる事件や事故の発生もイタリア側に通告しなければならない。一九九八年に米軍機が起こしたチェルミス・ロープウェイ切断事故の際、イタリア当局は事故機を直接調査した。米政府はイタリア当局とすべての証拠物件を共有するとして、双方による捜査が進められたのである。イタリアの地元警察は、パイロットが飛行中の記録画像を消去した証拠隠滅の痕《あと》も見つけている。また、地方検察官は事故翌日にパイロットから事情聴取している。*12

ドイツでも、国内に駐留する他国軍の基地に対して、国内法の遵守や基地返還後の環境浄化を義務づけ、各自治体は基地内への立ち入り調査ができるとされている。韓国でも、基地内の汚染は基地返還時・返還後にかかわらず米軍に浄化義務を負わせている。*13

日本とはなんという違いであろうか。

**自ら選んだ「従属」に気付かない恐ろしさ**

外務省のホームページには、日米地位協定についてこう書かれている。

「時々、他国が米国と結んでいる地位協定と日米地位協定を比較して日米地位協定は不利だと主張されている方もいらっしゃいますが、比較に当たっては、条文の文言だけを比較するのではなく、各々の地位協定の実際の運用のあり方等も考慮する必要があり、そもそも一概に論ずることが適当ではありません」*14

これを読んで、「外務省は被害に直面する当事者の気持ちを理解しながら問題を改善しようとしている」と感じる人が、どれほどいるだろうか。

元外務官僚も、同様の発言をすることが多い。

たとえば元外交官の宮家邦彦《みやけくにひこ》氏は、二〇一六年六月二十日放送の「深層NEWS」（BS日テレ）で、沖縄国際大学へのヘリ墜落事故について、司会者が、「海兵隊が公務中の事故ということで警察は現場の捜査などに入れなかったのでは？」と質問すると、「入りました。いました」と発言した。

司会者が「日本の警察は捜査活動ができたんですか？」とさらに問うと、宮家氏は、「彼らはね、正確に言うとヘリコプターがあって、その周りに米軍がいたけど、その周りは警察が一緒にやってましたから。日米の合意に基づいてやってましたから。ですから排除なんかしてないんですよ。警察もちゃんと中に入っていて、合意の上で、ちゃんと共同で捜査をしてるはずです」

と述べた。つまり、宮家氏は、墜落炎上したヘリのすぐ近くは米軍が捜査し、日本の警察はさらにその周囲の、規制線の外側でしか捜査ができなかったという認識をしっかり持ったうえで、これを「日米が共同で捜査した」と評価をしているのである。この状況は、「日本はなかには入れず現場を捜査できなかった」と評価されるべき事態ではないのか。

この番組には私も出ていて、日本の警察も捜査ができたと主張する宮家氏に対し、具体的に日本の警察は事故から何時間後に、どの程度の捜査ができたのかと質問すると、宮家氏は、「共同で、別々の場所ではあっても共同で、同じ捜査をしていたと理解しています」と答えた。

番組内で、私が、毒物を載せているかもしれないとされたヘリの機体や事故現場の土などの証拠物件を、すべて米軍が持ち去り、それを日本の方で十分検証することも許されなかったことを問題視すると、宮家氏は、

「それは違うでしょう。それはね、少なくとも誰が管理権を持っているかってことを観点にすれば、それは戦闘機であれヘリコプターであれね、アメリカが管理をしているものについてはアメリカの責任で情報を出し、それを日本側に伝える、これが基本ですよ」

と述べた。

それでも、日本政府と米軍上層部が隔週で開いている非公開の日米合同委員会では、

「対等に、ガリガリの議論をしている」という。

宮家氏は、二〇一六年夏、「日本は軍事費4倍、20兆円に増やす覚悟はあるか」とのタイトルで、「誰が大統領になったとしても、今後アメリカは国力低下のため軍の収縮傾向に進む。それに伴って、日米安保という保険においても追加の保障条項、つまりさらなる負担を求められることになるだろう。我々はアメリカとの同盟関係を維持するために、さらなる努力が必要になってくる」という発言をしていた。*15

宮家氏の言う「同盟関係を維持するためのさらなる努力」とは、はたして何であろうか。

また、元外務審議官の丹波實《たんばみのる》氏は、二〇一六年十二月六日放送のテレビ朝日「報道ステーション」で、

「地位協定っていうのはね、ご承知のとおりね、アメリカが日本とだけ結んでいるものじゃないんですよ。NATO諸国とも結んでいるしね、ほかのアジアの国とも結んでいるでしょ。日本がね、ヘンな変え方をするとね、全部波及するんですよ」

と発言していた。

この発言が「日本が変えると他に波及するために交渉は難しいが、しかし努力する」と

いうものであればわからないでもないが、この発言は「だから交渉はしない」と、改定交渉しようという姿勢すらみせないものとテレビを見ていた私は理解した。他国に波及するかどうかというのは、沖縄の人々やその他被害に遭っている人々からすれば「だからどうした」という話だ。他国に波及しようとしまいと政府にはアメリカと交渉し、自国民の保護を行ってもらわなければ困るのである。

地位協定や米軍基地の問題に関する日本政府の態度については「いったいどこの国の政府!?」とよく言われるが、米軍の立場を擁護する発言が繰り返されるのみであり、基地被害と隣合わせで生活している人々の気持ちをわかろうとする姿勢はまったくみられない。

捜査できなかった事実を認識しながらそれを捜査したと評価してしまう。日本の土地の汚染を、日本の警察自らが調査して日本国民の命と生活の安全を保障することができないのに、なぜ悔しく思わないのだろう。

これらは、もはや、「対米従属を自ら選びながら、そのことに気付いてすらいない」という状況である。「従属」が当たり前になりすぎると、自分から「従属」を選んだということを忘れてしまい、疑問すら抱かなくなる。

## 対峙する相手

しかし、落胆してはならない。

再処理問題に関しては、先に述べたように、日本はアメリカに従っていない。その理由はいろいろ考えられるが、いずれにせよ、これは核不拡散という安全保障上の重要な問題について、日本がアメリカの政策に従わず、自ら政策を選択しようと思えばできるという例である。

これは、再処理以外のさまざまな問題についても、日本が本当にアメリカの意見と異なる選択をしようと思えば選択できる、ということを意味するのではないか。沖縄の基地についても、撤退の話が米国から上がった際に日本政府が反対して撤退が実現しなかったという過去がある。*16

考えてみれば、そういう例は少なくない。二〇一六年十二月にも、南スーダン政府に対する武器輸出禁止の国連安全保障理事会決議をアメリカが推進し、日本にも賛成するよう求めたとき、日本はこのアメリカからの要請を断り、その結果、この決議は通らなかった。日本は、自衛隊を南スーダンに派遣しているために南スーダン政府のご機嫌を損ねたくなかったのだ。自衛隊が安保法制の下で新任務「駆けつけ警護」を与えられて南スーダンに派兵された矢先に失敗させるわけにはいかない、そのような意図がありありと出たアメリカに対する反対であった。

日本は、その気になれば、大概のことではアメリカの意見に従わないことができる。

これが私の確信である。

「アメリカのせいで、日本は安保法制を制定してしまった」「アメリカのせいで、アメリカの戦争に加担させられる」などといった、よくなされがちなアメリカ向けの批判については、一度冷静になり、それらが結局は日本政府なり日本の国民が選択し推進してきた政策であることを認識すべきである。

【出典】

＊1　時事通信　2014年5月21日

＊2　「月刊　河井克行」平成26年6月号
http://www.kawaikatsuyuki.com/pdf/2014-06.pdf

＊3　時事通信　2012年12月21日

＊4　NHKオンライン「シリーズ米大統領選挙　国際システムと日米関係」（視点・論点）

http://www.nhk.or.jp/kaisetsu-blog/400/257640.html
＊5　Brookings Annual Report 2016　41〜43頁
https://www.brookings.edu/wp-content/uploads/2016/12/2016-annual-report.pdf
＊6　https://web.csis.org/support-csis/our-donors/government-donors
＊7　https://web.csis.org/support-csis/our-donors/corporation-and-trade-association-donors
＊8　https://web.csis.org/support-csis/building-support
＊9　https://www.csis.org/programs/japan-chair/staff-visiting-fellows
＊10　マイク・モチヅキ『新しい日米外交を切り拓く　沖縄・安保・原発・ＴＰＰ、多様な声をワシントンへ』　猿田佐世著　集英社
＊11　https://www.youtube.com/watch?v=lIU8YAzqv34
＊12　沖縄タイムス二〇〇五年七月六日　安保の現場から・米軍再編を追う
＊13　『検証［地位協定］　日米不平等の源流』　琉球新報社・地位協定取材班著　高文研
＊14　外務省ホームページ　「日米地位協定Ｑ＆Ａ」
http://www.mofa.go.jp/mofaj/area/usa/sfa/qa02.html
＊15　「中央公論」　２０１６年８月号１１０〜１１５頁
＊16　「虚像の抑止力　沖縄・東京・ワシントン発　安全保障の新機軸」新外交イニシアティブ編
57〜60頁

# 第三章　トランプ・ショックと知日派の動向

「トランプ版孤立主義」

二〇一六年のアメリカ大統領選挙期間中、ドナルド・トランプ候補（当時）は、「不法移民は強制送還する」「イスラム教徒は入国禁止」「メキシコとの国境に万里《ばんり》の長城《ちょうじょう》のような壁を造る」など、さまざまな過激発言を繰り返した。

日本の新聞・テレビなどの主要メディアは、日本に直接的な影響を及ぼす外交・安全保障・経済に関するトランプ候補の発言を大きくクローズアップした。

「安倍首相はとても賢い。ケネディ駐日大使を接待漬けにして、何でも言うことを聞かせる」

「誰かが日本を攻撃したら、我々は救援に駆け付けなくてはならない。だが、我々が攻撃を受けても日本は助けに来なくていい。こんな取り決めは割に合うだろうか」

「アメリカには日本や韓国の防衛のために巨額の資金を費やす余裕はない」

「大金を払って他国を守る我々は、ぼったくりの被害者。日米安全保障条約は再交渉が必要だ」

「在日米軍の駐留経費は日本が全額負担すべきだ。要求に応じなければ米軍撤退もありうる」

「北朝鮮が核兵器を持っている以上、日本も持った方がいいのではないか」

「中国、メキシコ、日本、その他多くの場所から我々に雇用を取り戻し、我々にカネを取り戻す」

「TPPから離脱する」

「日本が牛肉に三八％の関税をかけるのなら、我々は日本の自動車に対しても三八％の関税をかける」

「私なら、コマツではなくキャタピラーの重機をアメリカ企業に使わせる」*1

日本に向けたこうした発言を日本メディアが大きく取り上げて反応するなか、特に沖縄の米軍基地に反対する日本のリベラル層には、「トランプ候補が大統領になったら、沖縄の基地問題の状況は良くなるのではないか」という若干の、ある意味の期待感も生まれた。

橋下徹《はしもととおる》元大阪市長は「沖縄の米軍基地をなくしたい人たちへ。トランプ氏が大統領になればすぐに沖縄米軍基地はなくなるよ。朝日新聞、毎日新聞、沖縄米軍基地反対派はトランプ氏を熱烈応援すべきだ（二〇一六年三月二十三日ツイッター）」などと皮肉った。

翁長雄志沖縄県知事は、トランプ氏の当選を受けて、「在日米軍の駐留経費を全額負担しなければ在日米軍の撤退もありうる」とのトランプ氏の発言を前提に「発言からすると、新しい発想の政治を考えている。沖縄の基地問題にどのような対応をとるか期待し、注視していきたい」[*2]とコメントし、トランプ氏に「米国と沖縄との関係について話し合う機会をつくっていただき、双方にとって良い結果となるよう、強力なリーダーシップをご期待申し上げます」という内容の祝辞を送った。[*3]

また、日本に根強い反対の存在するTPP問題についても、「ついにTPPが頓挫《とんざ》する」と、選挙中から期待した人も多かった。

トランプ氏は「強いアメリカ」を標榜《ひょうぼう》し、国防予算について強制削減を撤廃し、米軍を増強すると主張してきた。

中国に対しては選挙中から強硬な立場をとっており、中国製品への関税引き上げといった経済・通商面だけでなく、安全保障面でも中国を刺激する言動を続けてきた。

たとえば、大統領選当選後の二〇一六年十二月二日、トランプ氏は台湾の蔡英文《さいえいぶん》総統と電話で話しているが、現職・次期の米大統領が台湾総統と電話会談したことが公になったのは、一九七九年の米中国交回復（米台断交）以来初めてのことであった。
「一つの中国」政策にも触れかねないこの行動に、中国は強く反発したが、トランプ氏はツイッターで、「中国は通貨安誘導や南シナ海での基地建設に米国の了承を得たか？　得ていない」と発信した。*4

同年十二月十五日には、南シナ海で中国軍が米海軍の無人潜水機を持ち去るという事件が起こった。その後、米国防総省は中国側が同機の返還に合意したと発表したが、トランプ氏はツイッターで、
「我々は盗まれたドローンなどいらないと中国に伝える必要がある。そんなに欲しければくれてやる！　（We should tell China that we don't want the drone they stole back.- let them keep it!）」（日本時間二〇一六年十二月十八日午前九時五十九分）
と、激しい口調で中国を非難した。
結局、米海軍の無人潜水機は同年十二月二〇日、中国からアメリカへ返還された。*5

**共和党系知日派の懸念**

今回の米大統領選では、これまで日米外交を担ってきた主たる知日派は、民主党系の

人々のみならず共和党系の人々においても、従来の政策と異なる発言を繰り返すトランプ氏に懸念を示し、揃って「クリントン支持」あるいは明確な「トランプ不支持」を表明していた。

共和党の外交専門家らが反トランプを表明した公開書簡は、二〇一六年の三月と八月に二回出され、これらの公開書簡に署名をした知日派も何人もいる。

反トランプを掲げた知日派は、大統領選期間中にどのような発言をしていたのか。

まず、知日派で反トランプの発言を繰り返してきた代表格は、ブッシュJr.政権で国務副長官を務めたリチャード・アーミテージ氏である。

アーミテージ氏は二〇一六年六月、雑誌『POLITICO』のインタビューで、こう明言した。

「もしトランプ氏が共和党候補に指名されたら、私はヒラリー・クリントン氏に投票する」

そして、トランプ氏について、「彼は共和党には見えないし、〈外交・安全保障の〉問題について学びたがっているようにも見えない」と酷評した。（〈 〉内は筆者）*6

共和党内の重鎮と位置付けられるアーミテージ氏が、十一月の本選で民主党のクリントン前国務長官への投票を公言したことは、日本のメディアも報道し、日本でも大きな話題となった。

なお、同じく共和党政権でNSCアジア上級部長などを務めてきたマイケル・グリーン氏は、二〇一六年十月十七日、朝日新聞のインタビューで、「在日米軍駐留費の全額負担要求、応じなければ撤退」「日本の核保有容認」というトランプ候補の主張について、「危険で無責任だ。私を含む多くの共和党員が、この発言を聞いて、大統領になる判断力がないと指摘している」

「選挙戦では、無責任なことを言い、誰も彼をとがめない。支持者は政策の細部など気にかけず、決断力があり、タフだと見ているだけだ。もし主張に沿って政権運営をすれば、政治的に大きく傷つくことになる」

と述べていた。[*7]

**防衛の専門家ハムレの痛烈な批判**

次にジョン・ハムレCSIS（戦略国際問題研究所）所長の発言を紹介するが、その前に知日派の党派性という背景について簡単に説明しておきたい。

第二章で紹介した最も著名な五人の知日派には党派性があり、アーミテージ氏とグリーン氏は共和党である。

ハムレ氏はニューヨークタイムズ紙によれば、「民主党政権で働いてきた共和党員」とのことである。*8ビル・クリントン政権下で国防副長官だったため、民主党色のほうが若干強い印象である。

ハムレ氏は日本経済新聞（二〇一六年一月十七日）のインタビューで、ヒラリー・クリントン候補がＴＰＰについて「現時点で不支持」と表明したことについて、

「政治家が従来の態度を翻すのは、かなり難しいことだ。クリントン氏のＴＰＰへの態度にはまったく失望した。ＴＰＰの地政学的重要性を反映した態度ではない」

と述べ、自身はＴＰＰ賛成の立場であることを明示した。

また、記者からの「トランプ候補の対日観は日米貿易摩擦があった一九八〇年代を思い起こさせるが」との問いかけに対しては、

「彼の主張は理屈抜きの感情で、政策ではない。米国の世論は日本に怒っていない。懸念もない。〈トランプ氏が〉日本との関係において話していることは、まったく時代遅れだ。日米安全保障条約についても内容を知らないのではないか」

と答え、痛烈にトランプ氏を批判した（〈 〉内は筆者）。*9

ハムレ氏は、同年二月二十九日に東京で開催された日米安全保障研究会（笹川《ささかわ》平和財団とCSISが立ち上げた研究会）の最終報告書発表会においても、「日米同盟はアメリカにとって不公平」とするトランプ発言を取り上げ、「アメリカこそ、この同盟を必要としている」と強調している。*10

## 民主党系知日派の声

次に、ジョセフ・ナイ氏とカート・キャンベル氏の発言を紹介する。民主党の政権で外交・安保を担当してきた両氏は民主党系知日派の代表格であり、トランプ氏を支持しないことは当然の流れであった。

クリントン政権で国防次官補を務めたナイ氏は、米大統領選直前の二〇一六年十月二十六日に上智大学で開催された「学生応援プロジェクト2016年米大統領選と日米関係の行方～ジョセフ・ナイ白熱討論」（日本経済新聞社・上智大学共催）において、「アメリカ市民の九〇％以上がヒラリー・クリントン候補の勝利を予想している」との見解を示した。トランプ候補については、次のように発言している。*11

「アメリカの孤立主義を示唆するトランプ候補の登場によって、同盟国間において安定的であったアメリカの外交政策に戦後初めて疑問符が投げかけられた」

また、氏は「トランプ氏はさらに、米軍の日本駐留維持は米国にとって一段のコストがかかると、事実に反する内容の発言を行っている」とも別のインタビューでトランプ氏を批判している。*12

一方のカート・キャンベル氏は、オバマ政権下でヒラリー・クリントン氏の国務長官時代に東アジア・太平洋地域担当の国務次官補を務めた人物で、大統領選ではクリントン陣営の外交政策チームのブレーンの一人だった。いわば、クリントン氏と「二人三脚」で働いてきた人である。クリントン氏が大統領に当選した暁には、政権内のどの役職に就くかがワシントン内では取り沙汰《ざた》され、国務省のかなり高い地位に就くのではないか、とも言われていた。

アメリカの大統領選挙においては、各陣営がキャンペーンチームを結成して、選挙戦を戦う。キャンペーンチームは一面日本の選対本部のようなものでもあるが、政策立案を行うスタッフを数多く擁し、このメンバーが候補者の政策を作り上げていく。現行の政策や相手方候補者の政策を睨《にら》み、また選挙情勢も見ながら、次期政権の政策を作っていくのである。対アジア政策については、選挙キャンペーンチームにおける外交政策チームのなかでアジア専門家が担当する。

こうした政策チームのメンバーの多くは、その候補者が当選すれば、そのまま政権に移行する。

通常の米大統領選挙においては、両陣営のキャンペーンチームが選挙期間中から政策を打ち出して競い合い、日米関係であれば選挙期間中から、「この候補者が当選すればこのような方向に進むだろう」と日本から予測も立てながら、日本政府がこれらチームのメンバーに選挙期間中に接触を図ったりもしていく。しかし、今回の選挙においては、トランプ氏のキャンペーンチームにはアジア専門家がおらず、トランプ当選後にどのようになるかまったく予想がつかないと選挙期間中から言われていた。

キャンベル氏は、二〇一六年七月二十九日にNHK BS1で放送された「国際報道2016」という番組でインタビューに答えている。ただし、その内容は、「クリントン氏が大統領になる」ことを前提にしたものであり、トランプ氏が大統領になった場合の政策を予測できるような発言ではない。

「クリントン政権では外交方針の構築に関与するのか」との質問に、キャンベル氏は、「彼女はまだ大統領ではない」と前置きしたうえで、

「彼女が大統領になれば、アメリカは世界に深く関与するだろう。二十一世紀の主役はアジアだ。その一翼を私たちも担いたい。我が国はさまざまな外交課題があっても、アジア太平洋地域で大きな役割を果たすべきだ」

と述べた。南シナ海に人口島を建設する中国に関しては、

「我が国は許容できないことは、はっきりとさせる。アメリカ軍の能力を高め、アジアのパートナーの国々と結束を強めていく」

と、クリントン氏が大統領になればオバマ政権より若干タカ派な政策を中国に対してとるだろう、といった趣旨の発言をしていた。

核実験や弾道ミサイルの発射試験を繰り返している北朝鮮に関しては、「アジアでもっとも危険なのが北朝鮮だ」とし、北朝鮮が一線を越えればアメリカは強い態度で臨むだろう、という趣旨のことを述べた。

そして、こうしたアジア情勢を踏まえると、「日米関係の次の局面は、アメリカと緊密な連携のもと日本の活動を拡大させること」であるとし、日米がすでに連携しているさまざまな分野において、「それぞれの任務を明確に」し、「対潜水艦活動や海洋パトロールなど、日本の得意分野でその力を有効活用していきたい」と述べていた。*13

**「トランプの政策は『破滅のレシピ』だ」**

日本では彼らほど名前が知られていない知日派も、トランプ氏に対して批判的な発言を繰り返していた。パトリック・クローニン氏とマイケル・オースリン氏の例を挙げよう。

クローニン氏は、ワシントンのシンクタンクCNAS（新アメリカ安全保障センター）の上級顧問兼アジア太平洋安全保障プログラムの上級部長である。ブッシュJr.政権で、米国際開発庁（USAID）の高官を務めた。彼は、前沖縄県知事の仲井眞弘多氏が辺野古移設を容認するまでは、辺野古の基地建設に反対の立場をとっていた。

オースリン氏は、同じくワシントンのシンクタンクAEI（アメリカン・エンタープライズ・インスティチュート）の日本部長で、専門はアジアの安全保障や政治である。AEIは前述した通り保守的なシンクタンクである。

クローニン、オースリンの両氏は、ともに共和党の国家安全保障に関わるリーダーたちの公開書簡（二〇一六年三月二日）に署名し、反トランプを表明した。

この公開書簡では「拷問の広範な適用」「嫌悪に満ちた反イスラム的発言」「メキシコとの国境に壁を造り、その建設費をメキシコに負担させる」等々、トランプ氏のさまざまな主張が批判された。

「在日米軍の駐留経費の日本全額負担要求、応じなければ米軍撤退」との主張に対しては、「第二次世界大戦以後、よく機能してきた同盟のリーダーというよりも、まるで強請屋《ゆすりや》のような感覚だ（sentiment of a racketeer, not the leader of the alliances that have served us so well since World War II.）」と非難されていた。*14

オースリン氏は、二〇一六年七月六日の毎日新聞で、『「トランプ大統領」に備えよ』と題した提言もしていた。「日韓からの米軍撤退の検討」や「日韓の核兵器保有容認」といったトランプ候補の主張について、

「これは、世界で最も力強い地域で米国の指導力を低減させる政策だ。彼は米国の同盟国を単に取引相手とみなしている。世界的な同盟ネットワークが安保でも経済でも米国に多くの利益をもたらしていることを熟知しているのだろうか」

と懸念を表明し、

「トランプのアジア政策は『破滅のレシピ』だ」

と、強く批判していた。*15

## 人間性にも及んだトランプ批判

二〇一六年八月十五日、アジア通の米共和党政権ＯＢ八人が、公開書簡でクリントン支持を表明し、パトリック・クローニン氏やマイケル・グリーン氏もこれに署名した。

この公開書簡では、トランプ候補の主張するアジア政策は「アメリカの信用、経済、リーダーシップを瞬く間に壊す」ものであり、もしもトランプ候補の打ち出すアジア政策が実施されるようなことになれば、アジア諸国は、中国のようにアメリカへの対抗姿勢を強め、防衛のために核武装をする国も出てくる危険性があると指摘された。

また、トランプ候補については「二十一世紀の多様な試練に対応するためのビジョンや展望を持たない、不安定で準備不足の素人」であり、そういう人物を絶対に選ぶべきではないと述べられていた。*16

アンチ・トランプの知日派の口からは、トランプ氏の掲げた政策への批判だけでなく、人間性に対する批判も飛び出した。

なかでもいちばん批判的だったのはアーミテージ氏である。二〇一六年六月に開催された「日経・ＣＳＩＳシンポジウム」に出席した同氏は、「米国の大統領選挙と日米関係」のセッションで、

「トランプ氏は全てのことをおカネで計れる、商取引のように見ている」と述べた。もっとも、このあとアーミテージ氏は、

「ただ学習はしていくと思う。それにすべての政策を大統領の思い通りにできるわけではない。かつてカーター元大統領が駐韓米軍を引き上げる方針を示したことがあったが、下院や国防総省などが反対し、実現しなかった」とも述べていた。

同セッションにはカート・キャンベル氏も出席し、同様にトランプ候補について辛辣《しんらつ》な発言をした。

「周りが助言すればまともな行動ができる。共和党の候補指名を確実にしてからしばらくたって態度が穏健になった。ただそれでも彼は米国が築いてきた制度を危険にさらすだろう」*17

こうした発言から、二人が「トランプ当選」を必死で食い止めようとしていたことが窺《うかが》える。

**関心の的は「誰がクリントン政権に入るか」**

日本から今回のアメリカ大統領選挙を見ていた人々は、メディアを通じてこうしたアン

チ・トランプ発言の数々に接し、「皆がトランプを批判している」と感じていただろう。

ワシントンでは、大統領選挙の直前まで、「誰がクリントン政権に入るか」という話が具体的に行われていた。「政権に入る」とは、クリントンが当選したら、高官として登用され国務省やNSCといった政府機関で働く、という意味である。

実際、ワシントンの私の知人も選挙直前まで、「僕はもうじきクリントン政権に入る」「あの人も入るね」といった話をしていた。沖縄の基地問題のロビイングでは、「あの人もクリントン政権に入るから、今のうちに会っておいたほうがよい」といったアドバイスを受けることも珍しくなかった。

東京もワシントンも、「次期大統領はクリントン氏」という前提で話が進んでいた。安倍首相もそうした報告を受けていたからこそ、大統領選期間中にクリントン氏にしか会わなかったのであろう。

しかし、結果は、トランプ候補の勝利であった。

さまざまな過激発言で物議を醸し、とりわけ既存の日米安全保障体制に不満を表明してきた人物の当選に、日本国内にも激震が広がった。

## トランプ当選で謝罪したアーミテージ

トランプ氏の当選後、知日派はどのような発言をしたのだろうか。

驚いたのは、報道番組でアーミテージ氏が「謝罪」したことであった。「池上彰《いけがみあきら》の日本人が知りたい世界の大問題！～アメリカ大統領選ライブ～」（テレビ東京　二〇一六年十一月九日放送）に出演したアーミテージ氏は、トランプ氏が次期大統領に選ばれたことについて、

「大変残念なことで、恥ずべき事態だということを、まず申し上げたい。全世界にいるアメリカの友人たちに、このような事態になったことをお詫《わ》び申し上げたい」

と述べた。

トランプ氏に反対の意見表明を続けてきた知日派らにとって、トランプ氏当選は大変な衝撃であった。

トランプ氏当選の後、知日派たちは、「これまでの日米関係を変えないでくれ」「これまで何十年と続いてきた規定路線を踏み外さないように」と切に願い、そのための発言を始めた。

かつて私は、ワシントンで、知日派の代表ともいえる人から、

「アーミテージ・ナイ報告書は、ほぼすべてを実現させた。あとは憲法改正だけが残された課題だ」

との言葉を聞いたことがある。既存の日米同盟体制はあまりにも長期間、日米双方に支えられながら、大きくぶれることなく一定の方向を向きながら続いてきた。

前述したように、選挙期間中、「日経・CSISシンポジウム」のセッションで、アーミテージ氏は「すべての政策を大統領の思い通りにできるわけではない」と語り、カート・キャンベル氏は「周りが助言すればまともな行動ができる」と述べてきた。

選挙後、これまで影響力を持ってきた代表的知日派がトランプ政権に入るかどうかが注目されてきたが、二〇一七年二月中旬の現在まで、そのような話は聞かない。選挙中にトランプ氏を強く批判してきた彼らであるが故に、「執念深いトランプが、自分を強烈に批判していた人たちを登用することはないだろう」というのが、ワシントンの私の友人たちの見方である。ワシントンポスト紙は二〇一七年一月十六日、トランプ氏批判の書簡に署名をした人は、ブラックリストに載っている可能性があるとの記事を掲載した。即ち、書

簡に署名をした人は、トランプ政権において「政権入り」する可能性はないだろう、というのである。

共和党系の知日派たちはオバマ政権の八年の間、「政権入り」を待っていたわけであるが、さらに四年か八年、あるいはそれ以上、待ち続けなければならないかもしれない。人生計画の大きな変更であった人も少なくなかろう。

政権に入れなかった知日派たちは、政権の外から、トランプ氏が「誤った道」に進まぬよう、ホワイトハウスのスタッフや議会、国防総省などから「助言」をさせ、また自ら提言を続けることで、新政権が従来どおりの日米外交の既定路線を採るよう働きかけ続けている。

## 従来の日米関係維持に懸命な知日派

トランプ当選後すぐに安倍首相がトランプタワーに飛んでいったことについては、日本のリベラル派からは対米従属の姿勢そのものと批判が起き、また、「日本は好きなように動かせる」とトランプ氏に思われてしまうまずい外交だった、といった批判もあがった。

もっとも、知日派や従来の日米外交を支持する人たちからは、この緊急訪米は一定の評価を得た。

ジョセフ・ナイ氏は、安倍・トランプ初会談についての産経新聞の取材に対し、「日米同盟の重要性における点で心強い」と述べ、トランプ氏が大統領選後初の海外首脳との会談に安倍首相を選んだことが日米同盟の重視に繋がることに期待を示したと報じられた。*18

大統領選後初の海外首脳との会談相手として、トランプ氏自らが安倍首相を「選んだ」のかどうかはさておき、少なくとも他の国の首脳に先んじて安倍首相に会ったことは日米同盟の重視に繋がる、という指摘である。主たる知日派も、同様の姿勢であろう。

「選挙期間中、知日派はトランプに批判的なことを言い続けてきたのに、トランプが当選したとたん、『安倍さんはトランプと仲良くしてね』と言うのは、おかしいではないか」と思う人もいるだろう。確かに、一見すると妙な構図だ。

もっともナイ氏は、トランプ氏が当選したとたんに反トランプの立場を転換して、安倍・トランプ初会談を「日米同盟の重要性における点で心強い」と評価したわけではない。

この「心強い」との発言の意味を分析すると、「国のトップ同士が信頼しあえる関係であることは極めて重要であることから、その良い機会となった」という一般的に言われている意味ももちろん含まれているだろうが、むしろ「既存の日米関係を維持するようトランプ氏への働きかけを日本が積極的に行ってくれることは心強い」という意味が強いだろう。

アメリカ国内では、トランプ氏に選挙で敗れ、トランプ陣営とつながりもなく、自分たちではトランプ氏の政策転換に向けた十分な働きかけがなしえないなか、既存の日米関係を維持するために日本から動いてくれて「心強い」という意味である。

たとえば、保守的なシンクタンクであるAEIに所属する前述のマイケル・オースリン氏は、選挙後もトランプ氏の政策批判を行った。「在日・在韓米軍駐留経費の全額負担要求、応じなければ撤退」とのトランプ氏の主張について、「冷戦以来の共和党のアジア安全保障の考え方に背くものだ」と批判し、こうした政策によって「中国がチャンスをつかめば、米国のアジア太平洋と世界での地位に挑戦することが可能だ」と指摘して、トランプ政権と対峙《たいじ》する姿勢を見せていた。*19

このような見解がニュアンスの差こそあれ知日派の一般的な見解である。そのような立場からは、既存の日米関係と異なる発言を繰り返し、自分たちのようなワシントンエスタブリッシュメントを批判して選挙で勝ち抜いたトランプ氏よりも、むしろその望む政策を率先して進める安倍首相の方がよほど頼りになり「安倍首相がトランプ氏にさまざまな『正しい』情報を提供してくれることは素晴らしい」という評価になる。

## トランプ・ショック後の「逆拡声器」現象

トランプ氏の当選後、「ワシントン拡声器」をめぐる興味深い現象が見られた。トランプ・ショックにより、従来の「日本がアメリカを利用する〝ワシントン拡声器〟」でなく、「アメリカが日本を利用する〝逆拡声器〟」の動きが見られたのである。

たとえば、マイケル・グリーン氏は、二〇一七年一月上旬、「安倍政権はどうすべきか」との提言をいくつも述べながら、「三つ目に挙げたいのは、米国を再度、TPP（環太平洋経済連携協定）へ振り向かせるための辛抱強い、決してぶれることのない長期戦略の構築です」と安倍政権からアメリカにTPPについて働きかけるよう求めた。*20

また、オバマ政権でTPP交渉を手がけたマイケル・フロマン前米通商代表部（USTR）代表も、同年二月、安倍首相とトランプ大統領の大統領就任後の初会談直前に、トランプ政権が目指す日米二国間の自由貿易協定（FTA）交渉について「TPPが将来の協議の土台になる」との見方を示しながら、「安倍晋三首相は、TPP交渉や国会での承認に相当な政治的資本を費やし、アベノミクス三本目の矢である構造改革のカギを握ると訴えてきた。その取り組みがいかに重要かを、トランプ大統領に伝えることが大事だ」と述べ、安倍首相からトランプ大統領への働きかけを求めた。（なお、フロマン氏は同年一月にUSTR退任後、米シンクタンクの外交問題評議会（CFR）の特別研究員に就任している。）*21

これらの発言は、すなわち、トランプ氏の反TPPの姿勢に困惑したアメリカのエスタブリッシュメントが、「日本からトランプ政権に対し、TPPに振り向くよう訴えてください」と日本に求めたものである。これは、「逆拡声器」を使おうとしていることに他ならない（図2）。

もっとも、日本発にすればその情報が一気に拡声されてアメリカ社会に広まるなどということはないので、「逆拡声器効果」という表現は適切ではないかもしれないが、国内の敵対する陣営に言われるより同盟国の政府に働きかけられる方が耳を傾ける可能性が高いこともあるだろう。

なお、「逆拡声器」を使う働きかけは、トランプ氏の当選前にもなされていた。例えばマイケル・グリーン氏は、先に挙げた二〇一六年十月十七日の朝日新聞のインタビューで、

図2）逆拡声器

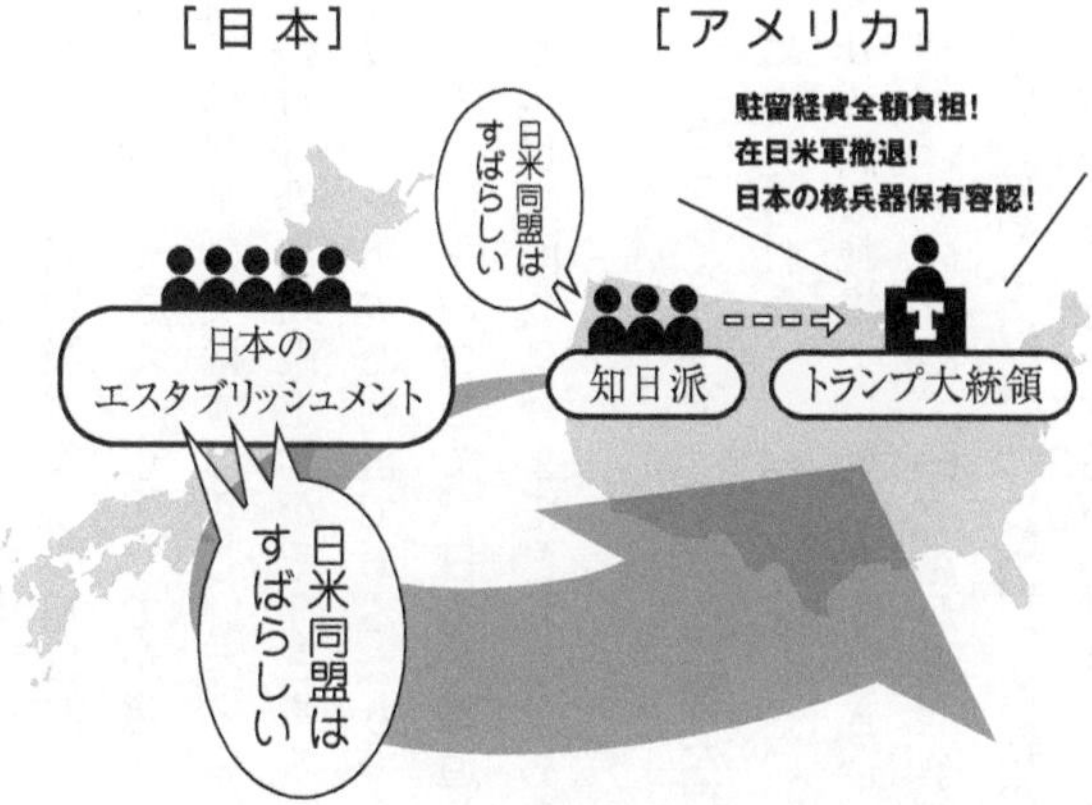


トランプ政権が誕生した場合に日本が取るべき対応について触れ、

「まず、パニックを起こさないこと。次に安倍首相とトランプ氏の首脳間で良好な関係を構築すること。安倍首相はプーチン大統領やトルコのエルドアン大統領のような独裁主義的指導者とも非常にうまく付き合っている。個人的な関係は重要だ」

と、日米首脳間の信頼関係を築くことが大切だと述べたうえで、

「日本が戦略を持ち、それが米国にも利益があると彼や周囲の人に説明するのは非常に重要だ」

と、語っていた。

## 日本の声を使った「トランプ困るコール」

トランプ氏の当選後、多くの知日派が日本のメディアに登場し、いわば「トランプ困るコール」を行ってきた。意図してか意図せずしてかはさまざまであろうが、これは知日派が「既存の日米外交はすばらしい」という声を日本で発することにより、アメリカのトランプ氏の対日外交政策を動かそうとする働きかけであり、アメリカから日本を使った「逆拡声器効果」を狙った発言である（もっとも、この知日派の発言は、日本のメディアがアメリカの知日派を取材して、日本で報道しているものであるため、日本人による日本社会に向けた「日米同盟は今までどおりであるべき」との「拡声器効果」でもあるのだが）。

実は、「トランプ困るコール」に似た現象は、日本が自民党政権から民主党政権に変わった際にも見られた。

アメリカ側は戦後、自民党との付き合いを続け、日本の他の政党との付き合いはほとんどなかった。そのため、民主党が総選挙で勝利し政権交代を確実にした直後のワシントンでは、「民主党やその政策について情報がない」「民主党の誰と話していいかわからない」などと情報不足を懸念する声が、さまざまなシンポジウムなどで聞かれた。ところが、こうした「情報不足に対するアメリカの懸念の声」は、日本のメディアではただちに、「民主党に対する強い懸念の声」として伝えられた。大なり小なり、こういった鳩山政権に批判的なアメリカ発の情報が、鳩山政権の退陣への圧力の一つになっていった。

また、外務省などの官僚からの圧力も、同様に鳩山政権を早期退陣に導く一端を担っていた。当時、外務省内には、「沖縄普天間基地の移設先は最低でも県外、できれば国外」との方針を打ち出した民主党政権に対して、「協力したくない」という空気があった。だが、外務省は自らの属する行政権のトップである首相に対し、「鳩山政権の政策は間違っている」とはなかなか言えない。そこで、外務省はアメリカの声を利用した。

たとえば、民主党への政権交代前夜、在ワシントンの日本大使館が設けた意見交換の場で、大使館の職員が、招いたアメリカのシンクタンクの研究者や議会関係者に対して民主党の政策を批判した。そして、自分たちは民主党に対して直接異議を唱えられないので、「あなた方から民主党に対して、その政策は間違っていると言ってほしい」と頼んだ、というのである。この話は、この会合に出席したワシントンの友人からその直後に聞いた。

結果的に、鳩山由紀夫氏は、首相就任から一年も経たずに退陣することとなった。民主党政権に反対する人たちが、アメリカに「ハトヤマ困るコール」を発信させ、またそれを強調して報道することで首相を退陣に追い込んだ、という要素がその原因の一部にあったことは否定できない。

トランプ大統領と鳩山首相ではタイプがまったく違うが、日米関係の文脈でのみ今のトランプ現象を切り取ると、この間知日派のなかで起きている「トランプ困るコール」は、かつての「ハトヤマ困るコール」現象が、アメリカ側でもう少し大きくかつ複雑な状況で起きている現象と思っていいだろう。

結局、日米双方のエスタブリッシュメントが、互いに外圧を使いながら、自分たちの進みたい方向に自国の政策を推し進めるという構図は、日本もアメリカも変わらない。この点については次章以降で詳しく説明したい。

なお、トランプ政権下でもアメリカが覇権国である間は、日本は従来の「自発的対米従属」の姿勢を変えることのないまま、「ワシントン拡声器」を利用し続けると思われる。「ワシントン発」の情報はこれからも日本社会に大きな影響力を及ぼし続けていくだろう。

【出典】

＊1 「朝日新聞デジタル」、「毎日新聞」、ワシントン共同などから抜粋
＊2 「沖縄タイムス」 2016年11月9日、「毎日新聞」 2016年11月10日
＊3 「毎日新聞」 2016年11月10日
＊4 「毎日新聞」 2016年12月8日
＊5 BBCニュース 2016年12月20日 http://www.bbc.com/japanese/38375826
「日本経済新聞」 2016年12月20日 他
＊6 http://www.politico.com/story/2016/06/richard-armitage-endorses-clinton-224431
＊7 「朝日新聞デジタル」 2016年10月17日
http://digital.asahi.com/articles/ASJB7250HJB7UHBI009.html
＊8 https://www.nytimes.com/interactive/projects/44th_president/new_team/show/john-hamre
＊9 「日本経済新聞」 2016年1月17日
http://www.nikkei.com/article/DGKKZO96214150X10C16A1TZJ000/
＊10 「BLOGOS」 2016年3月17日
http://blogos.com/article/167335/
＊11 http://www.sophia.ac.jp/jpn/info/news/2016/10/globalnews_2089/10312016?kind=0
＊12 「Bloomberg」 2016年11月9日
https://www.bloomberg.co.jp/news/articles/2016-11-09/OGB87G6KLVRA01

＊13　http://www.nhk.or.jp/kokusaihoudou/archive/2016/07/0729.html
＊14　「WAR ON THE ROCKS」
http://warontherocks.com/2016/03/open-letter-on-donald-trump-from-gop-national-security-leaders/
＊15　「毎日新聞」２０１６年７月６日朝刊
＊16　http://foreignpolicy.com/2016/08/15/preserving-u-s-credibility-in-asia-an-open-letter/
＊17　「ＢＬＯＧＯＳ」　２０１６年６月11日
http://blogos.com/article/179074/
＊18　「産経ニュース」　２０１６年11月21日
http://www.sankei.com/world/news/161121/wor1611210060-n1.html
＊19　「ロイター」　２０１６年11月11日
http://jp.reuters.com/article/idJP00093300_20161111_00720161111
＊20　「ｄｏｔ．」　２０１７年１月11日
https://dot.asahi.com/aera/2017011000224.html?page=3
＊21　「朝日新聞デジタル」　２０１７年２月10日
http://digital.asahi.com/articles/DA3S12789920.html

# 第四章　今後の日米関係の展望

## 国内政策最優先のトランプ政権

アメリカ大統領選におけるトランプ氏の勝利は、グローバリゼーションと相まって、米国の深刻な格差社会が放置されてきたことのツケが回って起きた結果であった。

中間層の疲弊、イスラム排斥、女性蔑視《べっし》など、アメリカの負の側面を覆い隠すゆとりのない国力低下の状況や、「強いアメリカ」のソフトパワーとして標榜《ひょうぼう》してきた人権や平等といった価値観が、実は多くのアメリカ国民には浸透していないことを世界に露呈してしまった。

日本だけでなく世界の多くの国々では、専門家から一般の人々まで、今後のアメリカと自国の関係はどうなるのか、世界情勢はどうなるのか、強い懸念を持ちながら新大統領の動静に注目している。

しっかりとした計画の上に立つ具体的政策をもたないトランプ氏の今後の方針については、これまでの氏の発言から類推して予想するしかない。まるで世界中が「予想屋」になったかのようであり、確たる方向性を見出《みいだ》せないでいる。

ワシントン内部の人々ですら、自らがトランプ陣営に加わっていない限り、今後どうなるのか予想するしかない状況が続いている。トランプ氏の当選後、私は付き合いのあるワシントンの専門家たちに話を聞いたが、政府高官の経験のあるような人たちも「これからどうなるか、我々にも皆目見当がつかない」といったことしか言えないような状況だった。

もっとも、トランプ氏が当選したのは国内政策の変化を強く訴えたからであり、氏にとっての最重要事項は雇用や移民問題、経済を含む国内政策である。就任直後からトランプ大統領は、国内に影響を与える公約を次々実行に移した。

そのなかでもTPPからの離脱は優先順位が高く、トランプ氏は大統領就任早々の二〇一七年一月二十三日、ホワイトハウスでTPPからの離脱を正式に決める大統領令に署名をした。安倍首相が同日の衆院本会議において、民進党・野田佳彦《よしひこ》幹事長の代表質問に対して「TPP協定が持つ戦略的・経済的意義について、トランプ氏に腰を据えて理解を求めたい」と表明した直後の出来事であった。*1

安倍政権は二〇一六年十一月〜十二月に衆参両院でTPPの批准を強行的に採決していたが、現行の発効要件の下ではアメリカが批准しなければTPPは発効しない。アメリカからの圧力という「拡声器」を使ってきた日本政府は、完全に方向性を失った。

イスラム・移民問題についても動きは早く、その四日後の一月二七日、トランプ大統領は中東・アフリカの七カ国からの入国を一時禁止する大統領令を出した。すさまじい非難が世界中から巻き起こった。

選挙期間中ゆえの暴言と思われた発言が、形を若干は変えながらも、具体的政策として実行に移されたことに多くの人々が驚愕し、アメリカ国内はもちろん、世界のあちこちの国で反対運動が起きている。新大統領の今後の方向性について、不安をさらにかき立てる出来事だった。

**対日安保政策に大きな変化はない？**

日本でも多くの人々が、ワシントン発のニュースを日々注視している。トランプ政権下における日米関係がどのようなものになるのか、少なくない人が懸念を抱き、トランプ大統領の発言ひとつひとつにメディアも大きく反応している。

TPP離脱の大統領令や自動車産業についてのトランプ大統領のツイッターなどで、貿易の分野については、既に多くの日本人や日本企業が影響を受けてきた。

もっとも、氏の対日安保政策について、私は、選挙中より「大きな変更はないだろう」

と述べてきた。

トランプ氏は、「駐留経費を日本が全額支払わねば米軍撤退」「日本の核武装も容認」といった既存の日米同盟関係からはまったく考えられないような発言をしてきた。しかし、それでも、私は、トランプ氏が、大統領選挙の共和党予備選挙で有力候補になったころから、トランプ氏の対日安保政策は、結局は従来の路線から大きく変化するものにはならないだろうとの発言を繰り返してきた。

それは一つには、成し遂げねばならない国内政策がたくさんあるトランプ大統領にとって対日安保政策は優先順位が高いものではない、ということがその理由である。

しかし、何よりもの理由は、日米双方でこれまで外交を担ってきた人々が、そのような変化を許さないことである。

ジョセフ・ナイ氏は、トランプ氏当選直後の産経新聞の取材で、「日本政府関係者が心配するよりも日米関係の変化は小さなものになると予測される」「とりわけ安全保障面での関係の変化は小さいだろう」と、日米同盟の基本路線は維持されるとの見通しを示していた。

本書で述べてきた通り、トランプ氏が当選した直後から、知日派や日本政府も含めて今までの日米外交を司《つかさど》ってきた人々が、「今こそ日米関係の真価が問われる」などと言って、従来の日米関係が継続されるようにと、懸命の働きかけを開始した。大統領選挙後、すぐにトランプ氏に会いに飛んでいった安倍首相は、その筆頭である。

これまでのアメリカの歴代政権における対日政策は、経済政策についても安保政策についても、民主・共和いずれにおいても大きな差異はなかった。

私は以前、ジョージ・ワシントン大学教授のマイク・モチヅキ氏（かつてはブルッキングス研究所に所属。現在はNDの評議員も務める）にインタビューし、アメリカの対日外交コミュニティに入るには、①日米安保同盟の重視、②米軍のアジア・太平洋地域におけるプレゼンスの維持（日本に関していえば在日米軍の維持）、③自由貿易の推進の三つが必須《ひっす》条件であるとの回答を得たことがある。

選挙中のトランプ氏の発言は、これら三条件を覆すものである。しかし、対日政策の分野で大きな変化を起こすほどの人的資源を、トランプ氏自身は有していない。仮に氏が選挙中の発言通り対日政策を変更しようとした場合でも、具体化の際には、議会や政権スタッフの意見に阻まれ、これまでどおりの「アメリカの利益」をそれなりに計算したうえでの変化になることが予想された。既に述べたとおり、主要な知日派は共和党系であっても、トランプ氏に対する批判を繰り返してきている。

日本政府や日米同盟の利権に関わる人々が、既存の日米関係を守ろうと懸命の巻き返しを図ったのである。

## 「ザ・右派」のトランプ政権

トランプ政権のなかで、日米外交に大きく関係する主な閣僚は以下の通りである（二〇一七年二月中旬現在）。
●副大統領：マイク・ペンス氏。インディアナ州知事。キリスト教保守派。
トランプ大統領には具体的な政策があまりないことから、基本的にペンス副大統領が実際の政策を決めていくともいわれている。ブッシュJr.政権で副大統領を務め、「アメリカ史上最強の副大統領」ともいわれたディック・チェイニー氏のような存在になるだろうともいわれている。
●大統領補佐官（国家安全保障担当）：マイケル・フリン氏。元陸軍中将、元国防情報局（DIA）局長。イスラムを嫌悪・敵視し、「イスラムは癌」と発言したこともある。選挙中にも来日しており、選挙直後には、日本政府にとってトランプ大統領へアクセスする唯一の足掛かりともいわれていた。〈フリン氏は、二〇一七年二月十三日辞任し、暫定補佐官として、元陸軍中将のキース・ケロッグ氏が指名されている（二〇一七年二月十五日現在）〉

●国務長官：レックス・ティラーソン氏。米石油大手エクソン・モービル社の会長兼CEO。

外交の実務経験がない人物が国務長官に起用されるのは異例のことである。また、ティラーソン氏はロシアのプーチン大統領と二十年近くの親交があり、アメリカ国内にはロシアとの繋《つな》がりの深さを懸念する声も強い。*2

●国防長官：ジェームズ・マティス氏。海兵隊出身の元中央軍司令官。

過激な発言から「狂犬」の異名を持つ。マティス氏を国防長官に起用すると発表したとき、トランプ氏は、「ジョージ・パットン将軍に今の時代で最も近い人物」と評した。パットン将軍は第二次大戦などで指揮を執り、「好戦的な将軍」といわれた人物である。「人を撃つのが楽しいこともある。正直に認めるが、乱闘騒ぎが好きだ」といった過去の発言がメディアで取り上げられている。*3

●中央情報局（CIA）長官：マイク・ポンペオ氏。下院議員。イラン核合意反対派でタカ派。在米イスラム指導者について「テロの共犯となる可能性もある」と発言したことがある。

日本との外交の文脈でいうと、極めて重要なのが国務長官と国防長官のポストである。今後は、ティラーソン国務長官とマティス国防長官が外交・安全保障政策の多くの事項について最終決定をしていくことになる。ただ、ティラーソン氏には外交の実務経験がないので、マティス氏がリードをしていくことになるだろう。

また、現実的な日本との定期的な外交交渉において重要なポジションは、国務次官補や国防次官補といった、彼らの下につき実務を行う立場の人々である。

在ワシントンの日本大使館も閣僚級政治家と日々連絡をとりあっているわけではない。日常の外交におけるカウンターパートは、国務次官補かその下のクラスの外交官である。日本からアメリカへの働きかけという視点でいっても、日本の閣僚級政治家やよほど重要な党の幹部クラスでもない限り、日本の国会議員訪米の際、面談の現実的な目標とするのは国務次官補だ。なぜなら、国務長官はもちろんのこと国務次官に会うのも容易なことではないし、国務次官補が上の許可を得たうえで政策の具体的な舵《かじ》を取っていくことも多いからである。

政務担当の国務次官補は地域別に、東アジア・太平洋担当、南・中央アジア担当、ヨーロッパ・ユーラシア担当、近東担当、アフリカ担当、西半球担当に分かれている。

東アジア・太平洋担当の国務次官補の下に日本部長がいるが、日本部長まではいわゆる職業外交官で、民主党から共和党へ政権交代しても、必ずしも入れ替わるわけではない。その上の国務次官補までは政治任用である。

最終決定権のある国務長官ももちろん大事だが、「誰が国務次官補になるか」といったレベルの人事も非常に重要である。

「琉球新報」（二〇一七年一月一日）によれば、米シンクタンク外交問題評議会のシーラ・スミス上級研究員は、辺野古移設を含む在沖米軍基地問題にトランプ政権がどう取り組んでいくかについて、「アジア担当の次官補などに誰がなるのかによっても違ってくる」と語っている。ただ、「今の段階で普天間への次期政権の対応は見えない。6カ月から9カ月後になるだろう」との見解を示した。*4

政府での勤務経験もありトランプ政権にアドバイスする立場にあるとの話も聞くワシントンの私の友人は、私のトランプ政権の政策方針を問い合わせるメールに対して、

"Personnel is policy.（人事こそ政策だ）"との返事を送ってきた。「トランプ自身の発言からだけでは今後の政策がどうなるかわからないから、人事に注目して見ておきなさい」という意味である。大きな方針はさておき、トランプ氏がさまざまな政策の細部まで決めることはありえないということもあり、トランプ政権の人事が今後の政策を読むための一番のカギとなる。そこで、どのような人物が政権入りするかが注目の対象となっている。

二〇一七年二月中旬現在、閣僚人事がほぼ固まり、その下の人事が進められている。閣僚やその下の高官らも含め四千人から入れ替わるという米国政府のスタッフが誰になるのかが、今後のトランプ政権の政策を占う一番のヒントになっていく。また、それは日本から働きかける対象ともなる。

なお、先に挙げた閣僚の他に、司法長官のジェフ・セッションズ氏（上院議員）は移民受け入れ反対派で超保守派である。こうした閣僚人事を見ると、トランプ政権は一部の例外を除き既存の共和党の枠組みのなかから単に保守派を選んで構成されているだけで、これまでよりさらに厳しいタカ派陣営で固めただけのように思える。

"Personnel is policy."という意味でいっても、元軍人中心のトランプ政権の安全保障・防衛に関する布陣を見ると、日本に関わるアメリカの安保政策で根本的な変化が起きるとは考えにくい。むしろ、アメリカは今後も中国へ軍事的な圧力をかけ続けるなかで日本にもその一翼を今まで以上に担わせる、すなわち、軍事的な貢献を日本にさらに要求する、という政策をとる可能性が高いとすら言えよう。

## 「言葉」と「政策」の不一致のなかでの現実の対日政策は？

トランプ大統領は選挙期間中、「アメリカは国際政治において従来の介入主義はとらない、『世界の警察官』であることをやめる」という趣旨の発言をしていた。

しかし、その一方で、現役の陸軍兵士の数や海兵隊の大隊数を増やす、米国予算の強制削減を国防予算については適用を廃止するなど、軍事予算を減らすのではなく増やすとアピールしてきた。「言葉」と「政策」が一致していない。

財政難のアメリカでは、現在、国の予算を使うものについてはすべて、予算を「強制削減」することとされ、実行に移されている。これには当然、国防予算も含まれている。

しかし、国防予算の強制削減に対しては、それにより国力が低下したとの意見もあり、トランプ氏は少なくとも国防総省、つまり軍関係については予算の強制削減をやめると宣言し、軍隊の増強を目指している。

また、トランプ氏は、それに加えて、「大幅な減税をする」とも主張してきた。アメリカの財政状況は非常に厳しく、ただでさえ予算削減が一番の課題であるのに、それではとても財政がもたない。*5

このように実際に行うにはあまりに矛盾の多い発言が続いていることが、トランプ政権の具体的政策の予測を困難にするもう一つの理由である。

## 早くも既定路線に引き戻された日米安保体制

二〇一七年二月一〇日（現地時間）、トランプ大統領就任後初の日米首脳会談が行われた。

会談後に発表された共同声明には、日米同盟はアジア太平洋地域における平和、繁栄及び自由の礎、辺野古の基地建設は、普天間飛行場の継続的な使用を回避するための唯一の解決策、日米安全保障条約第5条が尖閣諸島に適用される、などの文言が織り込まれた。これまでのトランプ氏のさまざまな主張は封印された。会談後の共同記者会見でも、トランプ氏は「米軍駐留を受け入れてくれていることに感謝する」などという、これまでの発言からは考えられないような発言を繰り返した。

初の日米首脳会談は、従来の日米安保体制の継続を確認する場となったのである。氏の大統領当選から三ヶ月、これまで述べてきたとおり、日本政府はトランプ氏を既存の日米関係へと引き戻すべく必死に働きかけを続けてきた。選挙直後に首相がトランプタワーに飛んでいき、真珠湾訪問でも日米同盟の素晴らしさを訴え、国会における施政方針演説でも「これまでも、今も、そしてこれからも、日米同盟こそが我が国の外交・安全保障政策の基軸である。これは不変の原則」とトランプ氏にアピールし続けてきた。

加えて、この三ヶ月、とにかくトランプ氏に嫌われてはならないとの姿勢を安倍首相および日本政府は貫いてきた。世界中が非難する七カ国からの入国拒否の大統領令についても、安倍首相は批判を避け、この初の首脳会談後の共同記者会見でもその点についての質問が報道陣から出たが、安倍首相は「内政問題」としてコメントを差し控えた。

日本政府にしてみれば、戦後七〇年以上もの間、国のすべての政策の中心に米国を据えてきたため、既存の日米関係が変わってしまっては困るのである。

今回の会談は、その日本政府の必死の働きかけが全面的に成功し、トランプ政権が、安全保障については、基本的には日米関係の既定路線をとることを明らかにするものとなった。

アメリカのメディアは「日本の首相は大統領の心をつかむ方法を示した。お世辞だ」と題した記事で「首相は記者会見で大げさに大統領をほめた」などと皮肉った。「こんなに大統領におべっかを使う外国の首脳は見たことがない（ニュース専門局ＭＳＮＢＣのアナリスト、デビッド・コーン氏のツイッター）」との報道もあった。*6

トランプ氏の大統領当選からたった三ヶ月。

従来の日米外交の継続を望む日米両国のエスタブリッシュメント（既得権益層）からの働きかけはあまりにも強く、たいへんなスピードで、日米安保体制はこれまで通り進んでいくことが明らかになった。

**日米同盟では日本の負担増に？**

トランプ氏を日米安保の既定路線に引き戻した日米首脳会談であったが、今後、アメリカから、アジア太平洋地域の安全保障における日本の自衛隊の役割の拡大要求などがなされる可能性は大いにありうる。

日本の自衛隊の役割の拡大については、安倍政権やその支持者が喜んで応じ、これを好機として軍事力を増強しようとするだろう。

既にそのような動きがみられる。例えば二〇一七年一月、シンクタンク「世界平和研究所」が、北岡伸一《きたおかしんいち》氏（東大名誉教授）らが取りまとめた提言を発表し日本の防衛費はGDP比一・二％を目標水準とすべき、と主張した。

アメリカ政府は、さらに一つさらに一つ、と、条件闘争で一つ勝ち取ると次へという形で、自衛隊の海外派遣も要求し実現させてきた。これらは日本政府が望んで行ってきたことはいえ、米国の政府の立場にある人たちにとっても歓迎すべきことである。

マイケル・グリーン氏は二〇一六年十一月十五日、「トランプ氏は日本重視を確認した上で、いかなる形であれ（同盟国としての）負担増を求めるだろう」と述べていた。*7

このグリーン氏の予測が現実になる可能性は十分にありうる。

現実となれば、トランプ政権誕生による変化は、日本の負担がさらに増えるだけの、日本にとってのマイナスしかないものにとどまることになる。

なお、在日米軍の駐留経費については、二〇一七年二月三日、マティス国防長官が来日に際し、日本の負担を「見習うべきお手本」と述べた。そのため、選挙期間中のトランプ氏の「駐留経費の全額負担、さもなければ米軍撤退」とのシナリオはほぼありえないことが確定した。

日本には、マティス長官から「見習うべきお手本」といった発言を引き出せたことで安堵の空気が広がっている。

これまでは、米軍駐留についての負担軽減を求めて、日本からアメリカに働きかける動きが一応はあったにもかかわらず、この安堵の空気の中で、そのような姿勢はまったく感じられなくなってしまった。

最初に厳しい条件を突きつけ、狙ったところで決着させる、というトランプ氏のディール外交に日本は既にはまっているという批判もできよう。


**日本の防衛力増強と自衛隊の任務増加の可能性**

二〇一六年二月二十九日、「日米同盟の将来に関する日米安全保障研究会」から、「二〇三〇年までの日米同盟：『パワーと原則』」という報告書が発表された。*8

同研究会は、日本の笹川平和財団とアメリカのCSIS（戦略国際問題研究所）が二〇一三年に共同で立ち上げたものである。

笹川平和財団は日本財団の姉妹団体である。アメリカ法人の「笹川平和財団USA」を設立し、日本に関する書物を所蔵する図書館をワシントンで運営したり、近年は同アメリカ法人をシンクタンクとして強化し、ワシントンにおいて日本関連のイベントを頻繁に開催したりするなど、活発に活動を展開している。

「日米同盟の将来に関する日米安全保障研究会」の日本側委員には、加藤良三《かとうりょうぞう》元駐米大使、折木良一《おりきりょういち》統合幕僚監部元統合幕僚長、一般社団法人平和・安全保障研究所の西原正《にしはらまさし》理事長らが名を連ね、米国側委員には、リチャード・アーミテージ、ジョン・ハムレ、マイケル・グリーン、ジョセフ・ナイ各氏ら著名な知日派が揃っている。

彼らによって作成された「二〇三〇年までの日米同盟：『パワーと原則』」（以下、「笹川・CSIS報告書」と表記する）の主題は、「対中戦略」である。

同研究会の議長を務めた加藤良三氏によると、報告書の表題を「二〇三〇年までの日米同盟」としたのは、米国側の軍事専門家が「日米の防衛力は二〇三〇年までは中国の軍事力を上回っているだろう」と言ったことによるという（『中央公論』二〇一六年五月号「鼎談《ていだん》 日米同盟の将来を考える 中国の軍事力増大にどう立ち向かうか」）。*9

「笹川・CSIS報告書」の内容は、「アーミテージ・ナイ報告書」の第四弾ともいえるものである。日本に対して、安保法制などの法整備は整ったので、あとは軍事行動に慣れたうえで米国と協力して実際の行動に移せるようにしなさい、とのトーンをもつ報告書となっている。

たとえば、同報告書が「日米同盟の基本」として「継続して強調する必要がある」とした大きな柱の一つには、日米「両国の指導者および世論を形成する人々は、日米があらゆる外交手段（必要な場合には軍事力を含む）を用いて世界で積極的かつ指導的な役割を果たすことへの国内の支持を強化、維持する」ことが挙げられている。

日本については、「二〇一五年、集団的自衛権の行使を容認する平和安全法制が成立したところであるが、自衛隊がより積極的な安全保障上の役割を果たすことに対しては反対が根強く、たとえ目的が防衛に限られていたとしても、軍事力を用いることに対する懸念も引き続き存在する」とし、「将来の平和と安全を脅かす脅威に対処する際には」「軍事力が持つ効能を用いることが不可欠」であるとしたうえで、日米「両国の指導者にはこうした現実を国民に説明する責任がある」としている。*8

日本政府が憲法解釈を変更して集団的自衛権の行使を認めたことをアメリカ側は評価しているが、行使の場面が非常に限定されたものであることについて問題視していたり、あるいは、日本では日本政府が集団的自衛権行使の場面がここまで限定されたものであると説明していることを認識していないのが現状である。

そして、日本国内には軍事力の行使に対する拒否反応も強いなか、こうした現実を克服すべく、日本政府は「国民に説明」し、日米同盟のなかで日本が軍事力を行使する割合を増やしていくべきだ、という提言である。

この提言に関して加藤良三氏は、前出の『中央公論』の鼎談で、「広い意味での国民の教育が必要になってくる」と述べている。*9

もちろん、「笹川・CSIS報告書」は日米の民間シンクタンクが作成したものであり、日米の政府関係者が公式にそう言っているわけではない。そもそも日本では、この報告書自体、ほとんど知られていない。

しかし、この文書が、日米関係において強い影響力を持つ知日派が皆加わって作られたものであるというところで、今後、事実上の影響力をもちうる可能性がある。実際、この報告書を日本で発表した直後に、ハムレ氏およびD・ブレア笹川平和財団USA理事長をはじめとした日米安全保障研究会の一行は岸田《きしだ》文雄《ふみお》外相と面談し、報告書の概要について説明している。既に日本政府関係者の認識のなかにはこの報告書のエッセンスは浸透しはじめていると思われる。

この報告書はトランプ氏の大統領当選をみこんで作成されたものではないが、トランプ大統領が誕生しようとしまいと、既存の日米外交路線が向いていた将来はこのようなものであったという点で、今でも我々が知っておくべき資料だろう。

日本社会を軍事力行使に慣れさせる、そんな方向性であるが、それに加えて、アメリカがさらに中国に追い込まれている現状や、トランプ政権のタカ派色がきわめて強いことからすると、今後、「日本は軍事力を自ら拡大し、世界における軍事的役割をもっと拡大すべきだ」との声が、「ワシントン拡声器」に乗って日本に拡散されていく可能性は高いだろう。

**防衛力拡大の好機を得た安倍政権**

「笹川・CSIS報告書」には、「沖縄の米軍基地移転の加速」として、「短期的には、予定通りに普天間飛行場施設移転を終える」と書かれている。つまり、早く辺野古基地建設を実行せよ、ということだ。

同報告書を作成した研究会の米国側委員会のメンバーで、一部を執筆もしたジョセフ・ナイ氏は、第一章でも述べたとおり辺野古移設案には慎重だが、雑誌「東洋経済」の取材

に、

「私は、笹川平和財団と戦略国際問題研究所（ＣＳＩＳ）が組織した日米安全保障研究会などでも自分の考えを述べてきた」

と話している。*10

しかし、同報告書にはそうした経緯は記されておらず、辺野古移設には慎重論もあるというニュアンスは消えている。同報告書に限らず、この種の報告書の裏にはさまざまな議論もあるということを、日本人は知っておくべきであろう。

また、同報告書には、「同盟の深化」に必要なステップの一つとして、「自衛隊と米軍の間の相互運用性のさらなる強化」が複数挙げられている。そのうちの一つとして示されているのは、「オーストラリア、フィリピン、インド、ベトナム、マレーシア、インドネシア、シンガポールを含めた多国間の共同訓練を増加させる」ことである。

この文言は、「中国包囲網を形成するために共同訓練の増加が必要」とほぼ同義だ。「中国包囲網を作る」とは書いていないが、実際にそのようなことになれば中国が猛反発するであろう。

大統領選挙後、日本がトランプ政権にどう対応すべきかという議論でも、既存の日米関係を重視する層からは、アメリカとの関係を今までよりさらに深化させせつつ、日本の軍事的役割も増加させ、オーストラリア、インド、東南アジア諸国と連携して軍事的にもさらなる協力関係を築いていくべきだ、との論調がでてきている。

即ち、安全保障面においては、トランプ大統領登場を受けての日本の論調は、アメリカを今後も日本が最重要視できるような関係が維持されるようトランプ氏に働きかけながら、不安要素があることを追い風に、日本の軍事力を強化し、さらに上記の諸国と軍事的な連携を強めながら中国を抑止していく、というものである。しかし、考えてみればこれは、そもそも日本の保守派や安倍政権が推進したい方向性とさして変わらない。

トランプ政権も、日本に対してアジア・太平洋地域での自衛隊の役割の拡大などを求めてくる可能性が高いと言われている。

即ち、トランプ政権が安全保障において日本に求めるであろうことは「安倍首相のやりたいこと」そのものではないか。

これを「好機」とする安倍政権が、「アメリカの要求」として自衛隊の役割のさらなる拡大を進め、米軍の肩代わりを自衛隊に担わせていく可能性は高い。憲法九条の改正に着手するかどうかは別として、たとえば防衛予算を増やしたり、今までは行わないとされていた南シナ海における「航行の自由作戦」の一部を担うことも考えられる。

こういった意味で、既存の日米外交の将来をある意味示していた「笹川・ＣＳＩＳ報告書」の提言に、トランプ氏の勢いが合わさって、さらに軍事力偏重の方向に日本が進んでいく可能性が高いというのが現状である。

**沖縄の基地問題はどうなるか**

国防長官に元海兵隊の強硬派マティス氏が就任した。そのため、沖縄の基地問題に大きな改善を求めることは難しい状況である。

沖縄の米軍基地面積の約七割は海兵隊が占めている。これまでアメリカでは、海兵隊の規模を縮小しようという声が何度も上がってきた。しかし、こうした声が上がるたびに、米議会の海兵隊出身者が反対して大幅な削減を逃れてきた。

米海兵隊普天間基地の辺野古移設問題について、沖縄は強く反対している。この計画については、本土でも、多くの世論調査で反対が賛成を上回るにもかかわらず、日本政府はこれを進める姿勢を強硬にとり続け、米国政府も既存の日米合意を重視してきた。

二〇一六年十二月、翁長沖縄県知事は、辺野古沿岸部の埋め立て承認の取り消しを違法とした最高裁判決を受け、辺野古沿岸部の埋め立て承認の「取り消し処分」を取り消した。しかし、それは辺野古基地建設について沖縄が日本政府に従うという意味ではない。政府は同年十二月二十七日午後から埋め立てに向けた工事を再開したが、翁長知事は他の複数の知事権限を行使して移設を阻止する姿勢を示している。*11 岩礁破砕や工事の設計変更など、さまざまな許認可権限が自治体には与えられている。

しかしワシントンでは、最高裁判決が出れば「沖縄は判決に従い、この問題は終結する」と理解している専門家も少なくなかった。しかし、日本でそう考える人は、本土の保守派・辺野古基地建設賛成派でもあまりいないだろう。私は沖縄の問題の情勢を日米の視点から追っているが、この手のワシントンと日本の情報のギャップは頻繁に見られる。これは、ワシントンの情報源があまりに日本政府、あるいは日本のいわゆるエスタブリッシュメントに偏っているからであろう。

いずれにしても、トランプ政権でも沖縄の人々の苦しみがすぐに解決することはないのはとても残念なことである。引き続き沖縄からの働きかけが重要であるが、この点については最終章で改めて述べたい。

## 熾烈になる貿易交渉

オバマ政権は、「アジアシフト」や「リバランス」といわれる形で、アジア重視の政策をとった。その成果には、「十分でなかった」といった批判も含めてさまざまな評価がなされているが、経済政策に関しては、アジアの経済成長力をアメリカの利益に取り込んでいくことが目的であり、その意味するところを理解すれば、「ビジネスマン」のトランプ大統領も、アジアへの積極関与という経済政策の方針を大きく変えることはないはずである。

日本の民間シンクタンクである東京財団の渡部恒雄《わたなべつねお》上席研究員は、「『米国の保守とリベラル層の価値観の対立』『貧富の差の拡大』『グローバル経済への反感』という難題について、トランプ政権が本気で取り組む兆候はない。残念ながらTPP反対だけが不満層へのガス抜きである。だからこそ、米国のTPP批准は期待できない。しかし、ガス抜き以外は、トランプ政権の通商政策はこれまでの米国の政権とさほど変わらないかもしれない」と分析している。*12

アメリカのTPP批准が完全になくなった今、今後予想される展開は、関税率の引き上げや日本の非関税障壁を取り除くことに関して、アメリカがこれまで以上にハードな要求を二国間交渉で日本に突き付けてくることである。日米の貿易交渉は、これからますます熾烈《しれつ》になっていくと思われる。

二〇一七年二月の初のトランプ・安倍首脳会談においては、日米の経済関係強化に向け、対話の枠組み「日米経済対話」を麻生太郎副総理兼財務相とペンス副大統領の下に設置することで合意した。

ほぼすべてアメリカに従う姿勢をみせる安保関連の事項に比べれば、貿易や経済の交渉においては、世界第三の経済大国である日本の政府はアメリカ政府の要求に従うのではなく、条件をつけて切り返す場面もみられる。しかし、これだけ動揺する日米関係のなか、トランプ氏を既存の日米安保体制に引き戻そうと懸命な日本政府が、経済・貿易交渉でアメリカから突きつけられた条件にNOと言えるかどうか大いに不安である。今後の情勢をしっかりと見ていきたい。

この間のトランプ氏のツイッターによる「指先介入」で、何社もの大企業が経営方針を転換した。メキシコに工場を作るとのトヨタの方針をツイッターで批判をしたトランプ氏に対し、「世界のトヨタ」が慌てふためき、また、トヨタから多くの税収を得ている愛知県の大村《おおむら》知事がトランプ氏の就任式に飛んでいくという事態となった。

日米首脳会談の直前には、「日米成長雇用イニシアチブ」の名の下、日米が連携したインフラ投資などでアメリカを中心に七〇万人の雇用を創出し、四千五百億ドル（約五〇兆円）の市場を生み出すとの内容を、日本からアメリカに提案することも検討されている。

この間の幾事例かの対応は、今後の貿易・経済における日米交渉における日本の姿勢を暗示していないだろうか。

【出典】

＊1 「毎日新聞」 ２０１７年1月24日朝刊、「日本経済新聞 電子版」 ２０１７年1月24日
http://www.nikkei.com/article/DGXLASGN23H0E_T20C17A1000000/

＊2 「日本経済新聞」 ２０１６年12月14日
http://www.nikkei.com/article/DGXMZO10638920U6A211C1000000/

＊3 http://www.cnn.co.jp/usa/35093150.html

＊4 「琉球新報」 ２０１７年1月1日 http://ryukyushimpo.jp/news/entry-420564.html
http://www.bbc.com/japanese/38178720

＊5 「日経ビジネス オンライン」 ２０１６年11月8日
http://business.nikkeibp.co.jp/atcl/opinion/16/101200023/110700019/?rt=nocnt

＊6　「朝日新聞デジタル」　２０１７年2月11日
http://digital.asahi.com/articles/ASK2C5HLJK2CUHBI01L.html
＊7　「時事ドットコムニュース」　２０１６年11月15日
http://www.jiji.com/jc/article?k=2016111500555&g=int
＊8　https://www.spf.org/topics/FRJ.pdf
＊9　「中央公論」　２０１６年5月号96～１０６頁
＊10　東洋経済オンライン「ナイ教授『辺野古移転を強行すべきではない』」
http://toyokeizai.net/articles/-/68769
＊11　「毎日新聞」　２０１６年12月27日
http://mainichi.jp/articles/20161227/k00/00e/040/155000c?fm=mnm
＊12　http://www.tkfd.or.jp/research/america/930i1w#sthash.A1HrG51j.dpuf

# 第五章　外交・安全保障における市民の声の具体化のために

## 「逆拡声器」の驚き

既に述べてきたとおり、トランプ氏の登場以来、従来の日米外交の顔であったアメリカの知日派からトランプ氏に対し「これまでの日米関係の路線を踏み外さないでくれ」との声が上がっている。

彼らは、トランプ氏の当選が決まってからも頻繁に日本のメディアに登場し、「トランプ困るコール」を繰り返してきた。彼らは日本政府関係者や自民党を中心とした政治家とも日常的に直接のやりとりを行っており、彼らの発言は、直接間接に日本社会や日本政府に影響を与え、そして、彼らの影響も強く受けながら、日本政府は「既定路線に戻ってくれ」との働きかけをトランプ氏に対して行ってきた（もし、知日派が皆、口をそろえてトランプ氏の政策を批判していなければ、現在のように自信を持って日本政府がトランプ氏に対し既定路線に戻るよう働きかけができていたかどうかは疑問である）。

即ち、アメリカの知日派の発言は日本を介して、トランプ政権の対日外交政策に働きかける結果をもたらすものであり、アメリカからの日本を使った「拡声器効果」を生み出そうとするもの、いわば、第三章で述べた「逆拡声器」の利用である。

トランプ氏当選を経て、今までとは逆の流れが出てきたのである。

私はこれまで、ワシントンでの留学生活やロビイング活動、また、日米外交に関わるステークホルダーについての研究を通じて、「ワシントン拡声器」のシステムに気付き、「日本人がアメリカを利用して日本世論を動かそうとしている構造」を日本社会に伝えてきた。これまで東京とワシントンの外交の具体的なやりとりを支える「システム」について批判的な視点から分析する論者が多くなかったことから、話を聞いてくださった数多くの方から、「まったく知らなかったが、やはりそうであったか」との言葉をいただいてきたし、新聞や雑誌の取材、出版の話などもいただくようになった。

しかし現在、世界に激震を与えたトランプ氏の大統領当選を経て、この日米外交の分野においても、従来あまり見られなかった事象が露呈している。

多くの著名な知日派は、政権を奪われた民主党系の知日派はもちろん、共和党系の知日派であっても、政権に入って、直接の対日外交を担うチャンスを失ったばかりか、反トランプを選挙期間中から表明していたために、現在、直接トランプ氏に日米外交についてのアドバイスをすることすらできない状況にある。

もちろん、「ワシントンシステム」は今でもなお完全に壊れたわけではない。今後、トランプ政権の閣僚や日本を担当するスタッフに既存の著名な知日派が直接間接のアドバイスをする機会は増えていくだろうし、そのうち、まったく元通りになる可能性も高い。しかし、「当面は」、従来の知日派が、日米外交において、今までどおりの影響力を行使することは少なくともワシントンにおいてはないだろう。これは、これまでの日米外交からは極めて大きな変化である。

その結果、彼らは、意識してか無意識にかは人それぞれであろうが、日本のメディアで発言し、また、日本の要人に自らの意見を伝えることで、日本政府がトランプ政権に働きかけることを強く望んでいる。トランプ氏のところに飛んでいって面談する安倍首相を「心強」く思ったとのジョセフ・ナイ氏の発言（一五七頁参照）*1 にはこの心理状況が良く表れている。

この日本政府を使った「逆拡声器」は、トランプ政権のなかでも現状の日米同盟を基本とする外交（よりタカ派な方針に舵《かじ》を切るにしても）を望む人々——閣僚に就任した人々や米軍、議会多数派の共和党議員など——の希望と相まって、既に、トランプ氏本人を動かし、トランプ政権をこれまでの対日安保政策に引き戻すことに成功した。

これまでの知日派が対トランプ政権の関係で十分な影響力を持てない状態は、いつまで続くのか。「少なくとも『当面の間』」と書いたが、それはいつまでなのであろう。トランプ政権の人事が結局すべて共和党の通常の枠内のタカ派に落ち着き、実際に採られる政策が、トランプ氏が選挙のなかで繰り返した主張と異なるものとして決定され落ち着くまで、であろうか。それが予想を超えて長期になる際には、対日本政府や対日本メディアの関係でも従来の知日派は影響力を落としていくことになるだろう。しかし、それほど長期にこの状態が続くことは、そもそも日本に詳しい外交実務者が少ないワシントンにおいてはなかなか考えにくい。

したがって、現在の状況は極めて珍しい、過渡期である短期間の現象として表れているものに過ぎないのかもしれない。

だが、短期間でも構わない。この事象により「アメリカのエスタブリッシュメント（既得権益層）は、自らの国において選挙などで不都合が生じた時には、外圧を使って自国の状況を修正しようとするのだ」ということが、少なくとも日米関係において目に見えるようになったのである。

この事象を受けてから考えてみれば、これまでも、政権に入っていない知日派が、あるいは、政権に入っている知日派でも自らの成し遂げたいことが政権内で自由にならない場合に、日本政府に自らの意見を伝えて日本政府から米国政府に話をしてもらい、それで自身の目指す政策をアメリカ政府に行わせてきた、ということが日米関係の文脈で相当程度存在したのかもしれない。これは今後の研究課題である。

このように見てみると、この拡声器効果を双方に生み出している日米外交のシステムは、日本のエスタブリッシュメントにとって有益であるばかりか、アメリカの日米外交におけるエスタブリッシュメント、即ち、知日派たちにも極めて有用である。

トランプ政権の下で、彼らが政権外の存在としてこれまでと異なりそのアドバイスも重視されないという期間が一定の長期に及んだとしても、日米のエスタブリッシュメント同士の強い結びつきは、「拡声器効果」を創出しあう、という意味での利用価値がある間は続いていくことになるかもしれない。実際に、選挙から三ヶ月が経過してもなお、知日派たちのコメントは日本のメディアに取り上げられ続け、ワシントンを訪問する日本の政治家は知日派詣でを続けている。

## 既得権益層同士が利用しあう外圧

自国のトップが選挙で変わったが、その新政権の政策に反対である、という「トランプ困るコール」に似た現象は、第三章でも述べた通り、日本が自民党政権から民主党政権に変わった際にも見られた。日本が二〇〇九年に自民党から民主党に政権交代した際、政権政党である民主党、あるいは、総理大臣である鳩山首相に直接の批判をしたり政策の転換を求めたりすることができない官僚たちは、アメリカに「民主党に政策が誤っていると伝えてほしい」と頼んだ。

この「自国で問題が生じると、他国から是正の働きかけをしてもらう」という現象が、エスタブリッシュメントの間で日米双方向に起きている。

これは、繰り返しになるがＴＰＰによく表れている。

日本では、当初、自民党議員を含む多くの人々から強い反対の声が上がったＴＰＰであるが、日本のエスタブリッシュメント、即ち、日本の政府や経済界は、「アメリカが推進するのだから他の道はない」と日本社会で強いメッセージを発信し、その結果、日本はＴＰＰ交渉に参加することとなった。その過程で、日本政府は、国内での働きかけに加え、日多くの資金をワシントンにつぎ込みながら米国議会内でＴＰＰ議員連盟まで作り上げ、日本で「アメリカが推進するＴＰＰ」というイメージを広め続けた。むろん、アメリカの経済界の多くもＴＰＰに賛成であったから「アメリカ（の一部）が推進」の要素はもともとあったのではあるが、結局のところ、米国政府・米国経済界と、日本政府・日本経済界が一緒になって、即ち日米のエスタブリッシュメントが一丸となってＴＰＰは進められた。

米大統領選が本格化するまでは、その路線で最後まで突き進むかのように見うけられた。しかし、四年に一度、アメリカ国民一人一人が意思表示の許される大統領選挙で、両党の候補者がＴＰＰに反対という状況になる。日本が驚き、慌てふためく中、トランプ氏が当選し、アメリカはＴＰＰを離脱した。

しかし、日米のエスタブリッシュメント同士が作り上げた「アメリカの圧力」により、既に日本はＴＰＰ批准に向けて走りだしており、ＴＰＰは国会で強行採決された。

結果的に見ると、ＴＰＰは日米のエスタブリッシュメントが共に追求したものであって、一般国民の多くはどちらの国においても望んでいなかったのではなかったのか。

こうしてみると、日本とアメリカという国家それ自体のみを「対立する利益を抱える当事者」として外交を語ることには意味がない場面が多くなっていることに気がつく。

二〇一一年頃、ウォールストリートを占拠せよ、という運動が全米で注目されたが、そこでの訴えは、「一％のエスタブリッシュメントが富を独占し、九九％の人々が搾取されている社会構造を変えよう」というものであった。その問題の構造は、外交にも通じるのではないだろうか。

## 幅広い声を外交に反映する意味

このように、エスタブリッシュメントの行う外交政策とそれ以外の一般の人々が望む外交政策が異なる場合でも、「外交」は、国の政策のなかでも一番古典的な制度を今なお崩さず、「政府」にしか当事者性を認めない。スケールが大きすぎて一般の人々には外交に関わることは容易でもない。したがって、一般の人々の期待から乖離《かいり》した政策が進められていく可能性を、特に外交は、常に有している。

一部の人々のみが外交や安全保障についての議論を占有し、影響力を及ぼしていることについて、数年前に私が日米外交のステークホルダーについての調査を行っている際、「外交は極めて専門的であり秘密事項も多いので、一部の専門家が担当するのは仕方がない」と、日本でよく知られる日米外交の研究者に言われた。

この点について、前著『新しい日米外交を切り拓く』にNDの評議員マイク・モチヅキ氏（ジョージ・ワシントン大学教授）がエッセーを寄せてくれたが、その中で彼はこのように記している。少し長いが引用したい。

外交政策形成や国際政治を長年研究してきた政治学者として、私は、外交課題がいかに複雑なものであるかをよく承知しています。この複雑さゆえに、外交や対外政策形成は、情報を集めて賢明な決定を下すために、必要な訓練を受け専門性を身につけているプロの外交官や政府官僚が担う傾向があることは理解できます。しかし、政治学のあまたの研究が明らかにしてきたとおり、政策形成の担い手は、ときに〝集団思考〟にとらわれ、批判的な考え方ができずに誤った決定をしてしまうものです。さらに、外交官や官僚は、保身のため、上司の政策の方向性に疑問を呈するのを厭《いと》う可能性があります。また、リーダーは、自分たちの目先の政治的利益を優先して、地球規模の利益はもちろん、長期的な国益をも損なうかもしれません。残念なことに国際関係の歴史には、政府のエリートが推進した誤った政策のせいで起きた悲劇は数多くあります。たいていの場合、こうした誤りで苦しむのは市民や大衆です。これは言い換えると、市民は、賢明な自己の関心事として、国際的な問題に積極的に関与しなければならない、ということです。

しかしながら、一般大衆の役割を美化してはなりません。エリート政治家や官僚が国家間の悲劇をもたらしたと同様に、国民もまた、ときに排外主義や独善、思い上がりによって誤った対外政策を支持し、さらにはその推進力となってきました。ですから、国際的な市民運動が大きくなれば、市民の責任、すなわち、情報をきちんと集め、他者への共感を持ち、批判的に考える能力を培う責任もまた大きくなるのです。私が考えるに、対外政策についての公教育や市民間の議論は、対外政策に影響を及ぼすための市民運動と同じくらい、〝新しい外交〟の概念にとって重要なものです。*2

マイク・モチヅキ氏が言うように、私も、外交には各国に存在する幅広い層の関与が認められるべきであると考える。その過程は可視化され、民主主義的監視や議論の対象にされねばならない。そして、氏が言うとおり、そのためには普通教育課程から社会教育に至るまで一般の我々の学びや議論が極めて重要である。

## マルチトラック外交の重要性

日本の外交に関する論点の中心的な事項において、世論と政府の推進する方向が異なる場面が多いことは、本書の冒頭で記したとおりである。

そのような現状から、近年、さまざまな立場の人々が外交に関わる「マルチトラック外交」の重要性が取り上げられている。国家の行う外交のみならず、たとえば、議員、地方公共団体、業界団体、専門家、そしてNGOや市民団体といった存在による外交も重要であり、これらの存在の持つ声も外交政策に反映することが必要であると考えられているのである。

私が事務局長を務める新外交イニシアティブ（ND）は、日米にさまざまな形で存在する声を外交に届けたいとマルチトラック外交の推進という理念を掲げながら、政策提言を行い、自らワシントンでロビイング活動を行うほか、地方自治体、国会議員や専門家、市民団体のそれぞれの対米外交を支援してきた。

トランプ・ショックをきっかけとして、エスタブリッシュメント同士が外圧を作り合い、利用し合って、自らの望む方向に国の政策を運ぼうとしているという外交システムがより明らかになった。しかし、このような外圧のエスタブリッシュメントによる相互利用という事実が存在することすら、日本の一般の人々にはまったく知られていない。外交に係わる多くの政策が国のありかたを大きく揺るがすものであり、外交も国の政策として民意が反映されるべきことからすれば、これは、民主主義に対する深刻な挑戦である。資金力のある人の声のみが外交に届く、という点についても、他国を使って自国の政策を変えるという拡声器効果についても、社会全体が認識する必要がある。そしてこれを変えるべくさまざまな立場にある人の声を外交に届ける取り組みが必要である。

なお、アメリカのエスタブリッシュメントを震撼させたトランプ氏の当選であったが、結局、氏が軍人と富豪で閣僚を固めたことにより、エスタブリッシュメントによるアメリカ外交、という点に変化はなさそうである。一般の人々の声を外交政策に反映するために、今後、さらにマルチトラック外交の必要性が高まっていくだろう。

トランプ氏が当選したといっても、アメリカは多様性の国である。「今後、日本はアメリカとどうつきあっていくか」と言ったときのアメリカは、トランプ政権のアメリカではあるが、それは、共和党の主流派が議会で多数を占めるアメリカであり、またトランプ候補よりクリントン候補に約三百万人多くの人が票を投じた国でもある。さらには、バーニー・サンダース候補を支え社会の大きなうねりを作った人々もいるアメリカでもある。

外交というと、各々の国家を構成単位として枠組みを捉《とら》えた議論ばかりであるが、テーマによっては既に、日本とアメリカを単純に二つの対立項として、国の利益を語ることの意味はなくなってきている。その事実を改めて心に置きながら、日本政府の安保・外交姿勢を監視し、マルチトラック外交を推進していく必要がある。

## マルチトラック外交の実践――対米ロビイング

私たちNDは、ワシントンに、日本国内にあるさまざまな声を国境を越えて運ぶ、という働きかけをしてきた。

NDは、マルチトラック外交を行い、幅広い層の声が外交に反映されるよう働きかけるシンクタンクである。外交問題について多くの方がかかわることが可能な議論の場を日米で数多く作る。研究会を開催し、報告書を作成し、提言を行う。また、その提言を日本からワシントンに届けてロビイングを行い、米議会や米政府にその提言を直接伝える。二〇一三年の設立以降、そんな活動を続けている。

私個人は、アメリカ政府や議会に対する働きかけを、NDの設立以前の二〇〇九年から続けてきた。そのような働きかけを政府や大企業の立場以外から行っている存在がないために、いろいろな方から声をかけていただき、さまざまな日本や沖縄の声を外交に反映すべく、議員外交、地方自治体外交、市民外交、といった多くの方々の国境を越えた働きかけのお手伝いをしている。

トランプ政権になっても、この極めて地道な対米ロビイングという活動においては、アプローチの対象が若干変わり、訴えの角度が変わることはあっても、大きなやり方は今までとさほど変わらない。

米国ロビーの私の経験や具体例、そこで体験した驚きの連続については、前著『新しい日米外交を切り拓く』をご覧いただきたいが、アメリカへの働きかけを続けていると、「ワシントンに働きかけるにはどうしたらよいか」との相談を頻繁に受けるようになる。アメリカの政策を変えるために働きかけたいと考える人は少なくないが、「いざ、実行」となっても、どこから手を付けていいのか、アイディアが浮かばない方が多いのであろう。

私自身手探りでやってきたし、まだリソースも少なく十分な態勢を取り切れていないなかで改善の余地も多いが、経験で学んだそのうちいくつかを、お知らせできる範囲に限ってではあるがここにまとめておきたい。常に私がこれを実践できているというわけではないが、心がけとして持っているもの、という視点でお読みいただければ幸いである。

★問題解決の道筋における、対米ロビイングの位置づけを明確にすること

対米ロビイング（訪米活動など）が、自分たちが取り組んでいる問題の解決においてどのような意味を持つのか、また、これまでの取り組みで作り上げてきた基礎の上で、今回の対米ロビイングが次なる一歩として何を生み出すものなのか、今後の計画は、といった今回の対米ロビイングの位置づけを明確にすることが重要である。

過去、あるいは、将来にわたって、複数回アメリカへの働きかけを行う機会のある取り組みにおいては、それぞれの回の訪米団で連携をとり情報を共有して、大きな目標の実現に向け、前回までの働きかけの上に立った活動を行うべきである。地方公共団体や議員、労働組合、市民団体など、あるいは、現地に協力事務所や協力団体がある場合など、さまざまな立場の人々がそれぞれ働きかける機会がある場合にも、目的が同じであるのであれば、それぞれの連携が重要である。

★相手に具体的に動いてもらうことを目的に設定すること

アメリカでの訴えに限らず、ロビイングにおいては、一つ一つの面談での獲得目標は何かを冷静に考え、その目的を達成するためにどのようにすべきか、という目的の設定が極めて重要である。

ここでいう目的は、「原発反対を訴える」「核兵器反対を訴える」「オスプレイ撤去を訴える」という大きいテーマのことではない。その数段下の「国防権限法の条文に反対してほしい」「日米原子力協定を議会の委員会で取り上げてほしい」などという、より具体的なものを目的とすべきである。

そして、具体的な要請事項は、その手段となる「そのために大統領に連名で書簡(Dear President Letter)を出してほしい」「議員連盟で声明を出してほしい」などの、具体的アクションに繫《つな》がる行動であるべきである。

貴重な外国におけるロビイングの機会において、「こういう問題が存在する」ということを訴えて終わるのではあまりにもったいない。必ず、相手に何か行動を起こしてもらうことを目的に面談をすべきである。その際の要請事項は、要請された相手が少し動けば可能となるレベルのものとすべきである。これは、議員相手でも、メディア相手でも市民団体相手でも同様である。

★どの角度から話をするかを相手のバックグラウンドから検討すること

沖縄の基地や原発の問題などについて、民主主義・人権・環境の観点など「社会正義」の観点から訴えることは重要である。これが根本的には一番重要であり、これがなければ最終的な変化は望めない。であるから、その訴えはきっちり行う。

しかし、米政府や米軍、連邦議員の大半を相手にする際は、それだけでは通じない。たとえば、基地問題であれば軍事的な説得材料も持って行く必要がある。アメリカは軍事力重視の国である。

話の角度は、相手によって臨機応変に変える必要があり、米政府や議員にアプローチする場合、あるいは、アメリカの大メディアにアプローチする場合、市民団体、研究者、著名人などにアプローチする場合、など、すべてそれぞれ別の方法になるだろう。

話の角度を適切に選ぶためには相手を十分に知ることが必要である。すなわち、同じ「コトバ」で話す必要があるのである。

★自分の訴えに耳を貸すことによる相手のメリットは何か、という考え方を持つこと日本の私たちが特に苦手とするところは、とにかく「気持ちを伝える」というスタンスを前面に出してしまい、「相手にとって何が利益か」に頭が回らないところである。相手の関心を分析して、利益になる部分を見つけて働きかけねばならない。

容易ではないが、これは、アメリカでほとんど誰も関心を持たない日本の問題で動いてもらう際には、とても重要な視点である。

議員面談であれば、可能な場合には地元選挙区の人たちに同席を頼みたい。

★事前準備・プレゼンテーション能力

何事でも同じであるが、事前準備が重要である。

ロビイングに際しては、一枚の紙に伝えたいことをまとめることが望ましい。

次章で述べる新外交イニシアティブの辺野古オルタナティブ・プロジェクトでは、辺野古への新基地建設が普天間基地の閉鎖に不要であることを安全保障の観点から研究している。このプロジェクトにおいて、二〇一六年に行ったワシントンでの意見聴取においては、我々の立場をA４一枚の紙に明確に記載し、それに続いて若干詳しめの数ページの説明を添付した。

もっとも、それでも、面談中、話を聞いていたアメリカの専門家や議会関係者はほとんどその紙を見ていなかった。それゆえ、面談中のプレゼンテーション能力もとても大事である。

関心を持った場合に後に見返してもらえるよう、若干詳細な資料も必要であり、さらなる情報のためのウェブ、こちらの連絡先の掲載なども忘れない。

なお、私も時間がないと十分に準備できないことが多く、反省しきりであるが、手渡す資料はアメリカで使われる表現・フォーマットなど読者であるアメリカ人の心にスッと入っていくような表現・形式にする。悲しいかな、関心がなく時間もないアメリカ人を動かさねばならない現実がある。

★計画を立て、予定を組んでいく

日本に関心を持つ人が少ないアメリカで、日本の問題に耳を傾けてもらうため、共通の関心事をさまざまな角度から探しながら、働きかけの相手を定め、アポ入れをしていく。「拡声器効果」に表れるように、ワシントンでシンポジウムや記者会見を開催して、広くワシントンの対日政策コミュニティに自らの声を広め、また、自分の取り組みをメディアを通じて日本に届けることも有用である。

議員に意見を伝えるには、議会内での院内集会の開催もよいだろう。

もっとも、日本からの訪問者にとっては、国会議員であっても、米議会内で院内集会を開催してそこに多くの米国議員に集まってもらうのは至難の業である。

他、単発の面談だけでなく数人での意見交換のワークショップを開催する、米メディアを訪問する、などさまざまな工夫が可能である。

なお、重要な立場の国会議員の訪米であれば、一週間前に用意を始めて講演会の緊急開催などを行っても人がある程度集まるが、そうでない訪米においてイベントを開催するためには少なくとも一ヶ月程度前には準備を始めたい。シンクタンクを借りてイベントを行うことも多いが、シンクタンクによっては数ヶ月前に知らせてほしいと言うところもある。シンクタンク内の人のみが参加する小さなランチブリーフィングのようなものであれば比較的準備期間は短くてすむ。

★訪米団の構成・ロジスティックス・通訳

アメリカの政府や連邦議会議員を相手にするロビイングでは、あるいは市民団体相手の働きかけでも、具体的な問題や今後の動きについて議論するような場面では、人数は少ない方がよい。

まず何よりも、人間関係の常として、少人数の方が信頼関係が作りやすい。

また、人数が増えると移動に時間もかかり、ワゴン車を借りるなどの移動手段も必要となる。その結果、面談の数も減らさねばならない。通訳と私のような同行の二人を入れるとさらに人数が増え、五人を超えるようなグループだと、米政府の面談や議員会館では単純にスペースがないという理由から、部屋に入れてもらえないことも多く、廊下の立ち話で終わらせられてしまうこともある。

日本では、たくさんの人数での陳情の方が影響力があるように思う場面もある。その話をしたところ、ワシントンの友人に「人数が多すぎると相手に失礼だ」と一蹴《いっしゅう》された。毎回ひとりで、というわけにはいかないかもしれないが、できれば二、三人、どれだけ多くても通訳などを入れた総勢で五、六人であろう。

大人数の訪米の際には、いくつものチームにわかれて回ることもあるが、それであれば、定期的に情報を運び、また、前回のロビーについての進捗《しんちょく》を確認し次の手を打つ意味でも、チームごとに時期をずらして訪米する方がよい。もっとも、自民党員の何人かが実践しているように、人間関係の構築を考えると、同じ人が、同じ相手に繰り返し会うことがベストである。

また、本来は英語で話ができることも大事な点ではあるが、実際はこれは難しいことが多い。従ってその場合は、優秀な通訳が極めて重要となる。プロである必要はないし、プロであればよい、というものでもない。問題を良く理解しており、問題の政治的文脈やアメリカ政治にも通じている優秀な通訳が必須《ひっす》である。働きかけは、言葉が伝わらねばどうしようもないことを、日本語だけで過ごしている日本社会では忘れがちである。

★人間関係作り・フォローアップ

人間関係作りをきちんと行う。継続的な働きかけをする。定期的な交流を持つ。単発の訪米団にはなかなか困難であるが、本来は最も重要な点である。

たとえば、アメリカのメディアに取り上げてもらう、という一点をもってしても、アメリカの記者と親しくなることが重要である。シンクタンクでのイベント開催も、知人がいなければ容易ではない。

また、面談相手を次のアクションにつなぐためには、面談後も人間関係を丁寧に紡いでいくことが重要である。

なお、アメリカは「回転ドア」で常に政権内外の人が入れ替わるし、ワシントンに限らず社会全般において皆、数年に一度職を変えることが多いため、定期的な交流を続けない限り、人間関係はすぐに古くなってしまう。容易なことではないが、定期的な働きかけがとても大事である。

また、同じ議論を繰り返さずに次のステップに進むためにも、ある団体から違う人が次々訪米するより、決まった人がアメリカの働きかけの窓口となって深い人間関係を作る方が効果的だ。

★日本国内での訪米の意味とアメリカへ働きかけることの意味は明確に分けて意識すること

多くの訪米の試みは、沖縄の基地問題でも核兵器廃絶でもTPP反対でも、日本における草の根の運動と連携している。訪米して行動することは「日本での取り組み」の一環である。出発前の寄付や署名集め、壮行会や報告会などは多くの方に問題提起をする場面となる。また、参加した人はアメリカでの行動を機に心を新たにして、その後も重要な活動を続けていく。国会議員であれば、国会内での政策形成や支持者への報告など、その後の活動に繋がっているだろう。

訪米活動を大きな取り組みの軸に据え、それを中心に日本の活動を作り上げていくという方法は、これまで、さまざまな問題で市民活動の柱になってきた。

この国内の取り組みとしての訪米活動と、アメリカ社会やアメリカ政治を動かすための工夫は別であることを認識しながら、双方で効果を生み出せるよう工夫したい。

たとえば、メディア対策一つとっても、日本のメディアに掲載する工夫と米メディアに載せるための工夫は異なる。またたとえば、アメリカの議員を動かすためには、ここまで述べてきたような具体的な目的の設定や、相手に対するインセンティブ作りなど入念な準備が必要である。

アメリカに具体的な影響を与えるための対米ロビーを行うのは簡単ではないが、まずは国内対策とアメリカ対策は異なるのだ、という、その視点を忘れずに、「アメリカに変化を与えるにはどうしたらいいか」という検討を常に怠らないようにしたい。そのためには、アメリカの政治情勢や議会情勢などに常にアンテナを張っておくことが有用である。

＊＊＊

これまでの体験に任せていろいろ書き綴《つづ》った。

社会問題を解決するため日本国内で働きかけを行っている人は、日本でのやり方については、さまざまな方法を自然に身につけ、日々工夫しながら活動をしている。しかし、ことワシントンになると経験がないがゆえに、具体的な中身を考えることが一気に困難になる。

海外における働きかけは、国内と違い頻繁に行うこともできず、二度とそのチャンスが回ってこない可能性もある。政府や大企業と異なり資金力のない立場の働きかけにおいては、皆の少しずつの努力を集めなければ、大きな成果には繋がらない。それぞれの訪米活動において、少しでもアメリカに影響を及ぼすための取り組みを行うことができれば素晴らしい。

とはいうものの、アメリカへの働きかけでは、どのように工夫したらよいかもわからない場合が多いだろう。その場合には、ぜひＮＤにご相談いただきたい。そういった活動をサポートできればと日々活動している。

なお、その場合には早い段階でお知らせいただきたい。あと数日で出発、というところでご連絡をいただいてもご協力できることに限りがある。飛行機の便を予約したあとにご連絡をいただいて、「来週は米議会は閉会で、ワシントンに議員はいませんよ」ということも何度もあった。

## 安保・外交分野にも支援がなされる社会に

どんな活動にも資金が必要である。しかし、「マルチトラック外交」は、そのなかでも海外に行かねばならないという点で、必ずやそれなりの金額の費用がかかる取り組みである。

しかし、日本は、外交分野か否かに限らずこういった社会問題に取り組む際には「ボランティア意識」が広く浸透していて、アメリカのように寄付も集まらず、苦労を強いられる場面が多い。

特に、日本の安保・外交・平和に関わる分野の取り組みについては、困難な要素が多い。

それは、寄付についてもそうであるし、たとえば、社会的企業（ソーシャル・エンタープライズ）といわれる「社会的役割を重視する企業」の分野においてもそうである。

社会的企業といわれる会社は、社会のなかの不正義を正すことをその会社の目的に位置付け、企業利益をその活動に充てたり、そういった活動をすることで利益を上げたりする企業である。近年、若い世代を中心にそのような取り組みをする企業が生まれ、社会福祉や環境の分野で多くの成果を生み出している。しかし、それらの取り組みに、安保・外交・平和をテーマとするものは極めて少ない。他国の紛争解決や紛争後の国の開発支援などはみられるが、日本国内の安全保障問題についての社会的企業を、筆者は実際に目にしたことがない。

資金提供についても同様である。そもそも日本の資金提供は、アメリカの何億という単位の巨大なシンクタンクの運営すら可能にしてしまう寄付とはスケールが桁《けた》違いに小さい（たとえば、ブルッキングス研究所の年間二億円以上の資金提供者が五つ（企業・個人・国家）もあるのは、日本では想像もできないことである）。そして、日本では、一般的には特に安保・外交・平和の問題で、現状を変えようと活動をする団体には企業などからの大きな金額の資金提供が集まりにくい。

そんな社会の動きや、資金提供について、その資金の量を拡大してパイを広げるとともに、テーマの枠を広げられないか。

外交や安全保障の分野は、既に述べてきたとおり外交の当事者が国家に限られてきたこともあり、現在の外交を変える必要のあるそれぞれの問題においては、「対政府」「対国家」という構造が問題の本質となる。即ち、外交・安保の問題については、沖縄の基地問題であれ、原発であれ、ＴＰＰであれ、必ずや声を上げる人は政府と真っ向から対峙《たいじ》することになる、という構造になっているのである。現在存在している外交、安保に関する大きな民間団体の活動は、その資金源を政府や地方公共団体の補助金や委託費用に頼っている部分もあるが、その場合には政府の政策に反対する活動を行うことは考えにくい。そして、政府と真っ向から対峙する活動にこういった補助金が下りることはない。

もっとも、大きな枠組みから見れば対国家・対権力の問題であったとしても、その問題の足元には必ず押しつぶされている個人としての当事者がいる。その人々にとってその問題は、対国家や対権力の問題ではなく、日々の生活の問題であり、まさに人権の問題である。そして、その一つ一つの人権侵害の被害者のサポートはとても重要であるが、その問題の根本的解決を図り、被害者を続いて出さないようにするためには、被害者の個別支援にとどまらず、社会構造自体の変化に着手しなければならないことも多いのである。

福祉・環境の問題にとどまらず、外交・安全保障の分野の市民の活動にも、社会の資金提供が集まり、また、たとえば社会的企業といった支援が行き届くように、日本社会が変化していくことを強く望んでいる。

そうでなければ、これらの問題についての解決はおぼつかない。

エスタブリッシュメントと「それ以外の一般市民」が対抗軸となる問題において、数の上では「それ以外の一般市民」の方が多いはずであるにもかかわらず、この資金の問題が解決しなければ、「それ以外の一般市民」はエスタブリッシュメントと十分に対峙する力を持ちえないのである。資金がなければ継続かつ安定した形で充実した活動は行えないし、専門性も高まらない。

草の根の市民活動の声を具現化し、政策提言の形にして、実際の政策に落とし込んでいく。そんな活動が、外交や安全保障の分野でも実現する社会を作りたい。

【出典】

＊1 「産経ニュース」 2016年11月21日 http://www.sankei.com/world/news/161121/wor1611210060-n1.html

＊2 『新しい日米外交を切り拓く 沖縄・安保・原発・TPP、多様な声をワシントンへ』 猿田佐世著 集英社

# 第六章　今、日本の私たちがなすべきこと

## リベラル陣営からの提案を

トランプ氏の当選後、日本の保守派の人々の反応には、大きく分けて二つの傾向が見られた。

一つは、なんとかして既存のアメリカ追随の日米外交を維持しようという路線だ。安倍首相自らトランプ氏のもとへ飛んでいったのがその代表である。

もう一つは、自主防衛路線で、これを機に日本の軍事力を強化していこうとの主張である。

たとえば、産経新聞はアメリカ大統領選挙の翌日の一面で大きく「トランプ大統領で、いいじゃないか」とのタイトルとともに、「むき出しの本音には、日本も本音で向き合えばいい」「いよいよ米軍が撤退する、となれば、自衛隊の装備を大増強すればいい。その際は自前の空母保有も選択肢となり内需拡大も期待できる」と、自主防衛を主張する記事を載せた。その記事は東京本社の編集局長名によるもので、

「日米安保体制の枠内で憲法9条がどうの、安保法制がどうの、といったことが大問題と

なった牧歌的な世界はもはや過去となった。日本も米国に軍事でも経済でも過度に依存しない『偉大な国』を目指せばいいだけの話である」とまとめている。[*1] これは、見事である。前日まで論調の中心の路線であった対米追随をはっきりと転換させるもので、いさぎよい。

もっとも、その六日後の十一月十六日には「主張（産経新聞の社説にあたる）」で、「安倍トランプ会談　同盟の有用性を確認せよ」と題して、「緊密な日米同盟は、両国のみならず世界の安全と繁栄にとっての礎である。…（中略）…トランプ次期米大統領には、この著明な事実を心底、理解してもらうことが大切だ」と元の路線に戻ってはいたが。[*2]

また、たとえば、キヤノングローバル戦略研究所研究主幹で外交評論家の宮家邦彦氏は雑誌「Wedge」二〇一六年十二月号で、「〝トランプショック〟は日本の好機となる」と題した提言のなかで、「日本は、日米同盟はもちろんのこと、航行の自由という利益を共有するオーストラリア、ＡＳＥＡＮ（東南アジア諸国連合）諸国、インドなどとの海洋同盟の拡大を考えていくべきだ」と中国抑止の政策を提案し、「日米同盟を次なるレベルに進め、世界の安定をリードする覚悟が必要だ」と述べている。[*3]

このように保守の論陣は、「現状維持」「自主防衛」、あるいは、一番の多数派であると考えられるが、その両者が合わさった形での、「現状の外交路線を維持しながら日本の防衛力を高める」との論を立てながら、さまざまな場面で意見を発し続けてきた。

他方、いわゆる「リベラル陣営」では、何かを提言する形での反応を見せた人は少なかった。

特に新聞各社は一般的にリベラルと言われている社であっても、「今後の日米関係はどうなるか」という視点の報道ばかりが目立った。多くの人々も息を呑《の》んで「どうなるのだろう」と見守っているのみで、今後についての提案はあまり見られなかった。

リベラル紙の代表である朝日新聞も、たとえば、十一月十一日の社説で「安倍首相は十七日にニューヨークでトランプ氏と会談する方向だ。まずは日米関係の重要性を改めて確認し、共有する機会としてほしい」と述べ、続いて、トランプ氏の選挙中の発言への批判に行数を割いた。しかし、現在の日米同盟関係についての問題意識を感じさせる指摘は一つもなかった。朝日新聞においては、この社説に限らず他の紙面にも同様のトーンが通底している。その後やっと二〇一七年一月三一日の社説で、首相の防衛力強化に対する前のめりの姿勢を批判したという程度である。大統領選挙から数ヵ月の間、トランプ政権下の日米外交に関する紙面だけを読めば、「規定路線に戻ってほしい」という日本政府の主張と変わらなかった。

トランプ氏が当選したとき、日本には一瞬、「このままアメリカについて行っていいのか？」「日本の安全保障や外交はどうあるべきか、ついに自分たちで考えねばならなくなったのではないか？」という空気が生じた。希望を込めて言えば、まだその空気は完全になくなってはいない。

ところが、民進党のような野党にも、また、メディアも含めこれまで「対米従属」を批判していたいわゆるリベラル陣営一般にも、その問いに答えて対抗軸を示そうとする動きがほとんど見られない。新聞で具体的提案を堂々と行ったのは、先程述べたように自主防衛を主張した産経新聞ぐらいだったのは皮肉である。

大統領選以降のメディアからの取材で受ける質問も、「トランプ大統領になって日米関係はどうなりますか」というものばかりである。

しかし、「どうしたい」がなければ、「どうなるか」という懸念も何もない。

立教大学教授の西谷修《にしたにおさむ》氏は、この状況について、雑誌「世界」で次のように述べた。

日本で、「アメリカはもっと世界秩序のことを考えるべきだ」といまだに注文をつけるような議論が多いのは、日本がいかにアメリカの制度空間の中に取り込まれていたかをよく表しています。

対米依存とか従属とかいうのは、要するにアメリカが君臨する世界秩序以外を想像できないということです。…（中略）…――つまりアメリカが面倒を見てくれない世界に、まったく慣れていない。*4

そのとおりであろう。

対米追随で利益を得てきた層が、それを維持するためにアメリカに働きかけることには論理一貫性はある。しかし、「今の日米関係はおかしい」と批判してきた人たちのなかにすら、何か現状に代わりうる対案を出そうという議論が今もって盛り上がらないのはどうしたことか。

その議論の欠如は深刻である。戦後七十年以上も経って、ある意味、初めて変化の可能性がわずかでも訪れたこの状況において、極めて残念なことである。

トランプ氏の下でよりタカ派的な要求が日本になされ、リベラル陣営にとってより厳しい状況が待ち受けているかもしれないのであればなおさらのこと、トランプ・ショックで揺れ動いている今の時期に具体的な対抗軸を堂々と示すことが求められている。

### 「どうしたいか」を考える

今、我々がやるべきは、「既存の日米関係は維持できるのか」と戦々恐々とし、トランプ大統領が路線修正をするように全エネルギーをかけて働きかけることではなく、「日米関係をどうしていきたいのか」を考えることである。何よりも、この激震を、日本の外交・安保のあり方を国全体で考え議論する機会とすべきである。

「これを機に従来の対米従属態勢をすっぱり断ち切る」、あるいは、「日本はアメリカを頼りにするほか道はない」という選択肢もあるだろうが、そこまでいずれかに割り切った議論をする必要はない。むしろこのいずれも、複雑で流動的な国際社会においてはリスクのある選択肢であろう。

議論の過程では、自主防衛路線を一つの方向性として検討する人も少なくなかろうが、アメリカと同等の軍事的装備を日本が持てるわけもなく、同レベルの防衛をしようとすれば日本経済は破綻《はたん》する。

保守陣営のメインストリームは、日米同盟を引き続き「深化」させながら、オーストラリア、東南アジア諸国、インドなどとの軍事協力の拡大を図る、といったところであろう。しかし、特に米中の対立が深まるなか、これでは中国包囲網を築くことになり、この地域をさらに不安定にする可能性も高い。「日米同盟の深化」についての予想不可能さもつきまとう。

これに対し、先に述べたとおり、今までの対米追随姿勢をリベラルな視点から批判していた立場の人々からの具体的提案は、驚くほど少ない。トランプ氏に対する批判やポピュリズムに対する分析は多くなされているし、相変わらず対米追随姿勢の日本政府への批判もあるが、雑誌やウェブなどいろいろ読んではみるものの、将来に対する具体的提案は限られる。

今なすべき議論は、「『対米追随』という物差しだけでものごとが決められなくなった際に何を我々は選択するのか」というものであり、本来は、リベラル陣営こそが本領を発揮すべき時なのである。

結論としては、その方針に不安が残り、また超大国としての力を落とし続けているアメリカとの関係を「絶対的なもの」から「相対的なもの」に変えつつ、それを補うべく多数のアジア諸国との関係を重視していく、そのなかで中国、韓国といった、現在ともすれば対立関係にある国とも良好な関係となるよう最善を尽くす、ということになるのだろう。

この点については、リベラルサイドではないものの、経営コンサルタントでビジネス・ブレークスルー大学学長などを務める大前研一《おおまえけんいち》氏の提言がおもしろい。氏は、在日米軍と同等の抑止力を自前で確保するとなったら莫大《ばくだい》なカネが必要となるためトランプ氏の要求を吞んで在日米軍の駐留経費を日本はすべて負担し、その代わり、アメリカには「日本が求める防衛以外の余計な口出しは無用」という立場をとるべき、と主張する。そして、安全保障協定をオーストラリア、ニュージーランド、東南アジア諸国と結び、アメリカ、中国、ロシアとの等距離外交まで視野に入れておくべきだと主張している。*5

在日米軍の駐留経費を全額日本が持ったからといって、日本がアメリカに対し「余計な口出し無用」という主張ができるようになるとは思えないし、在日米軍基地を現在同様抱えたまま、米中露との等距離外交が可能になるとも考えにくい。それでも、各国との安全保障協定にとどまらず、米中露との等距離外交まで打ち出す議論は、「既存の日米関係をいかにして維持するか」に終始する日本社会に新しい視点を提示するものだろう。

なお、リベラルの声を代表するような視点を、ワシントン在住の立場からトランプ氏の激震を観察しているアメリカン大学の芦澤久仁子《あしざわくにこ》氏が提示している。氏は、

「アメリカへの依存を減らすにはどうすればよいか」という問題を、真剣に考えはじめるべきだと思う。何故なら、日本の対米依存政策は、戦後70年続いたアメリカ一国主導型の国際秩序を前提にしているのだが、その国際秩序自体が、実はもう限界を迎えていると思われるからだ。

と述べたうえで、

対米依存を減らすにあたって、より重要なことは、実は、アジアの安全保障環境が良くなることである。アジアにおける軍事的脅威が減少し、軍事紛争の可能性が低くなれば、必然的に、日米同盟の重要度も下がるからである。従って、そのために出来ることを、これから真剣に考え、実行するべきだろう。

と述べ、続いて中国との関係改善のための粘り強い働きかけを含めた、具体的な対中、対韓の外交努力や東アジア諸国による地域枠組みの強化を求める主張を展開している。そして、

> 日本が、アジアの地域安全保障環境を、少しずつでも、良い方向に持っていく努力をすることは、単に日本の対米依存を減らすだけではなく、アメリカ主導秩序にとって代わる、新しい世界秩序作りへの貢献でもあるのだ。
> 　トランプショックのおかげで、日本はようやく、アジアと真剣に向き合えるかもしれない。

と締めくくっている。*6

これからさまざまな提案がリベラル陣営からも出てくるのかもしれないが、皆が傍観者となって、恐る恐る日米関係のゆくえを観察しているだけの状態は、一つの国家としてあるべき姿ではない。このような事態において国民的議論がなされなければ、それこそ日本は、トランプ陣営の戦略にあっという間に組み込まれてしまうだろう。

なお、私たちが今なすべき議論は、ここまで述べてきた外交・安保の総論についてはもちろん、その下に広がる沖縄の基地問題、中国との関係、貿易問題等々の各テーマについてどうするのかという各論についても必要である。それぞれの問題について問題意識を持ちながら取り組んできた人々は、トランプ・ショックに揺れる今こそ、具体的な提案の検討を行うべきなのである。

この検討をすることで、引き続き進めるべき政策と、方向転換すべき政策が見えてくるだろう。そのあとにこそ、その検討結果に沿ったアメリカへの働きかけを行うべきである。

## 沖縄基地問題への具体的提案

そう言い放った以上、ここで私が一番の軸足を置いている、沖縄の米軍基地の問題について、そのなかでも特に辺野古の基地建設の問題についての提案を考えてみたい。

日本政府がさらなる強硬姿勢を見せ続けるなかで、アメリカにおいても軍事力優先のトランプ氏と、そして海兵隊出身のマティス国防長官が登場し、沖縄の人々はさらに困難な状況に置かれている。二〇一七年二月の日米首脳会談でも、辺野古基地建設が普天間基地問題の唯一の解決策であると共同声明におりこまれた。

しかし、一歩引いて客観的に、アメリカの現状とトランプ氏の主張の双方を検討して方向性を見出してみたい。

トランプ氏は、軍事力優先の姿勢を見せる一方、「アメリカ第一主義」であり、孤立主義的な姿勢もみせてきた。またさまざまな問題の根底には、アメリカの財政が限られているという如何《いかん》ともしがたい現実もある。このような状況においては、アメリカの安全を維持するために必ずしも重要でない米軍の海外展開は縮小対象にしやすい分野であり、予算面からそのモチベーションも存在する。トランプ氏は軍事力増強論者であるが、「アメリカ第一」を維持するために、不要な軍事力にまで高い費用を払って基地を維持したいとは考えないだろう。

この点について、辺野古基地建設を支持する日本の多くの人々は、米軍の四軍（陸軍、海軍、空軍、海兵隊）それぞれを区別せずに「抑止力の観点から沖縄に基地は必要」とざっくりと述べるが、具体的提言においてはより詳細を見たうえでの議論が必要である。

現在、一番の問題となっており、新しく辺野古に建設が予定されているのは、米海兵隊の基地である。沖縄の海兵隊基地はその一番の存在理由として「対中国抑止」のために置かれていると日本では説明される。

しかし、対中の一番の抑止力は沖縄・嘉手納の空軍であり、横須賀《よこすか》の海軍である。逆に、米軍の軍事アセットを沖縄に集中させることは「抑止力」を弱体化させかねないとも言われている。この理由により、著名な知日派のジョセフ・ナイ氏が、長期的な視点において辺野古の基地建設に懸念を示していることは既に述べたとおりである。

米海兵隊は、朝鮮戦争における仁川《インチョン》上陸作戦（一九五〇年）などで、その存在意義を見事に示したと言われているが、既に、現在ではその独自の能力を発揮して活躍する軍隊ではなくなっている。アメリカ政治においても、海兵隊廃止論や縮小論が上がっては消える繰り返しのなかで、海兵隊出身の議員やその他海兵隊の支援者がそれを許さないという状態が続いていることは、第四章で述べたとおりである。

また、海兵隊の抑止力というが、海兵隊は現在、一年のうち八ヶ月ほどは東南アジアなどを回っており、沖縄にいるのは年にわずか四ヶ月ほどである。それで抑止力たりうるのであれば、有事の際の来援を可能にしておけばよいのではないか。

そもそも、新しい基地の建設は、「アメリカには日韓の防衛のために巨額の資金を費やす余裕はない」「（駐留経費を支払わなければ）米軍撤退」と述べてきたトランプ大統領の主張とは、真逆の思考である。

特に、辺野古基地建設は政治的リスクが高く、すでに二十年以上の月日を費やしても実現していない。抑止力の点で他に取りうる手段があるのであれば、アメリカにとって変更が比較的容易な政策であるともいえる。

選挙期間中、トランプ大統領は「駐留経費を全額支払わなければ、在日米軍撤退」と主張してきたが、現在、日本は駐留経費の約七五％を負担しており、残りの約二五％は米国が負担している（アメリカ国防総省の説明による。日本の防衛省は八六・四％と説明している）。その二五％に着目して、日本にとっての重要性が特別高くはなく、トランプ大統領から見ても「アメリカ第一」の政策に必要ではない基地をピックアップし、削減提案していく、という考え方も成り立ちうるのではないか。

辺野古案撤回は二五％の削減よりも、もちろん「米軍全面撤退」よりも、はるかに容易にとりうる政策変更である。

辺野古基地建設撤回に際し、具体的に日本側から次のような提案ができるのではないだろうか。

・対中抑止の観点から見ても辺野古新基地は不要であり、これを撤回することはアメリカの財政にプラスとなる。

・普天間基地からの米海兵隊の撤退費用や、他地域での米海兵隊の展開に必要な施設整備などにかかる経費は、撤退に伴って不要となる支出があることを踏まえ、「思いやり予算」から日本が出す。

さらに、現在アメリカが広く担う東アジア地域の災害救助などを日本が代わりに行うことも、提示できる条件となるだろう。

このように、日本の真の利益を見据えながら、トランプ大統領の意向も頭に入れたうえで「アメリカ第一」に合わせた提案を日本側から打ち出せれば、説得力もあるだろう。ウィンウィンの提案ができれば、ものごとが動く可能性も出てくる。

実際にＮＤでは、こうした検討を、防衛・安保の専門家による研究会を毎月開催するなどして継続的に続けてきた。この「辺野古オルタナティブ・プロジェクト」で研究を重ね、作り上げてきた提言を、トランプ政権にも働きかける形でアメリカでのロビイングにも力を注いでいきたい。研究内容の詳細はここでは割愛するが、提言書の発表などＮＤの活動にご注目いただきたい。

もちろん、辺野古案撤回には、これまで外交を担当してきた日米の関係者や既得権益グループからの抵抗が強いだろう。しかし、トランプ氏が「米軍全撤退」すら言及してきたなか、既存の外交に問題があると考える層は、これを好機とするための努力をする必要がある。実際、辺野古案撤回についての条件は、日本が強い意志を持ちさえすれば、トランプ氏が言ってきたことに一つずつ沿うような形でアレンジすることができる。

「既存の日米関係は素晴らしかった。戻ってくれトランプよ」一辺倒の論調は、沖縄の現状のみを考えても、明らかにおかしい。改めて、既存の外交の問題点を認識し、解決のための働きかけをアメリカに行っていかねばならないと感じる。

## 新しい日米関係を切り拓くために

このように個別具体的に議論をしていくと、トランプ政権の誕生が、「みせかけの対米従属」というゆがんだ日米関係から脱する好機にもなりうることに改めて気付かされる。

今こそ我々は、「日本の平和にとって真に重要なものは何か」を冷静に判断する必要がある。軍事力に頼るのではなく、良好な関係をアメリカと保ちながら、同時にアジア諸国との外交関係にも重きを置き、そのなかで地域の平和構築に積極的な役割を果たしていくべきである。

今の日本では、悲しいことに、こうした国のあり方の最終的なゴールを語ると、「理想論だ」とはねのけられる現実がある。しかし、「アメリカについていけばよい」というこれまでの外交の軸が動揺し、他の選択肢も考えなければならなくなった今、理想を見据えながら具体的な提案を生み出さずして、いつ「あるべき姿」が考えられるのだろう。

理想を見据えた具体的な提言を積み重ねていくことで、現実的な議論も可能になり、争点をより明確にすることもできる。そして、それがさらに社会の空気を醸成し、対立軸がより現実的なものとなり、「理想論」と切り捨てることができないような選択肢となっていくだろう。

この先四年間、トランプ政権のアメリカで何が起きるかは、誰にもわからない。だが、「何が起きるかわからない」状況は、自分で「考える」ことのきっかけになる。

我々は、トランプ政権の立ち位置や米議会で多数を占めた共和党の政策を冷静に見極めながら、そしてまた、トランプ氏に対抗すべく立ち上がった多くのアメリカの人々の動きも感じながら、幻想を抱かず、悲観に陥ることもなく、日本が真にとるべき外交・安保の方針を議論していかねばならない。

私たちＮＤでは、沖縄の基地問題や日米地位協定、日米原子力協定の満期到来など、日米外交の重要なテーマに対して具体的な政策提言を行い、それによって議論を活性化していきたいと考えている。

たとえば、繰り返しになるが、先に挙げた沖縄の基地問題に関する具体的な提案は、報告書にまとめワシントンにおけるシンポジウムなどを通じて、アメリカ側に訴えていくつもりである。難しいことは承知のうえだが、この激震と合まって、沖縄の基地問題に変化をもたらしていきたい。

アメリカとの関係を丁寧に紡ぎながら、中国や韓国など近隣諸国との関係構築にも、より積極的に取り組んでいきたいと考えている。中国や韓国における日本への関心は、アメリカとは比べものにならないほど高く、日本語を話せる人も多い。アメリカでは知日派でも大半は英語の情報源のみから日本を知るのとは大違いである。

そして、幅広い市民の声を具体的に外交に反映する努力を重ねていきたい。近年の安保法制反対の動きに代表されるように、日本には活発な市民社会がある。ただ、そこで出てくる声を具体的な政策提言に置き換え、政府などに提案し、反映していく能力が日本の市民社会にはまだ十分でない。
ＮＤでは、市民が政策形成に関われるよう、そして自らの持ち場である「外交」に日本の多様な声を反映できるよう、この機会にも努力を続けていきたい。そして、その積み重ねによって、新しい日米関係を切り拓《ひら》くきっかけを見出していきたい。

【出典】

＊1　「産経ニュース」　２０１６年11月10日
http://www.sankei.com/column/news/161110/clm1611100003-n1.html
＊2　「産経ニュース」　２０１６年11月16日
http://www.sankei.com/column/news/161116/clm1611160002-n1.html
＊3　「Wedge」　２０１６年12月号８～10頁
＊4　「世界」　２０１７年１月号49頁
＊5　「SAPIO」　２０１７年１月号16頁
＊6　「WEBRONZA」　http://webronza.asahi.com/politics/articles/2016122200008.html

新外交イニシアティブ（ND）
［住所］〒160-0022 東京都新宿区新宿1-15-9 さわだビル5F
［電話］03-3948-7255 ［FAX］03-3355-0445

**猿田佐世（さるた・さよ）**
新外交イニシアティブ（ND）事務局長、弁護士（日本・米ニューヨーク州）。1977年、愛知県出身。早稲田大学法学部卒業。2002年、日本で弁護士登録後、アムネスティ・インターナショナル、ヒューマン・ライツ・ウォッチなどの国際人権団体で活動。08年にコロンビア大学ロースクールにて法学修士号取得。09年、アメリカ・ニューヨーク州で弁護士登録。12年、アメリカン大学国際関係学部にて国際政治・国際紛争解決学修士号を取得。13年にシンクタンク「新外交イニシアティブ」を設立。ワシントン在住時から現在にいたるまで、外交・政治分野において米議会などでロビー活動を行うほか、日本の国会議員らの訪米行動をサポートする。著書に『新しい日米外交を切り拓く』（集英社）、共著に『虚像の抑止力』（旬報社）、『日米安保と自衛隊』（岩波書店）など。

# 自《じ》発《はつ》的《てき》対《たい》米《べい》従《じゅう》属《ぞく》

知《し》られざる「ワシントン拡声器《かくせいき》」

猿《さる》田《た》佐《さ》世《よ》

2017 年 3 月 10 日　初版発行
2025 年 5 月 20 日　8 版発行

◆◇◇

発行者　山下直久
発　行　株式会社KADOKAWA
〒 102-8177　東京都千代田区富士見 2-13-3
電話　0570-002-301（ナビダイヤル）

編集協力　竹内恵子、メディアプレス岡村啓嗣
装 丁 者　緒方修一（ラーフイン・ワークショップ）
ロゴデザイン　good design company
オビデザイン　Zapp!　白金正之
印 刷 所　株式会社KADOKAWA
製 本 所　株式会社KADOKAWA

角川新書

ISBN978-4-04-082100-9 C0295



●お問い合わせ
https://www.kadokawa.co.jp/（「お問い合わせ」へお進みください）
※内容によっては、お答えできない場合があります。
※サポートは日本国内のみとさせていただきます。
※Japanese text only

## KADOKAWAの新書 ❦ 好評既刊

### 語彙力こそが教養である
齋藤 孝

ビジネスでワンランク上の世界にいくために欠かせない語彙力は、あなたの知的生活をも豊かにする。読書術のほか、テレビやネットの活用法など、すぐ役立つ方法が満載！ 読むだけでも語彙力が上がる実践的な一冊。

### かんたん脳強化トレーニング！ 脳番地パズル
加藤俊徳

効かない脳トレはもういらない。1万人以上の脳画像の解析からたどり着いた「脳番地」別の特製パズルを解くだけで、あなたの頭がみるみるレベルアップする！ 各メディアで話題の最新「脳強化メソッド」実践編の登場！

### メディアと自民党
西田亮介

問題は政治による圧力ではない。小選挙区制、郵政選挙以降の党内改革、ネットの普及が、メディアに対する自民党優位の状況を生み出した。「慣れ親しみの時代」から「隷従の時代」への変化を、注目の情報社会学者が端的に炙り出す。

### 総理とお遍路
菅 直人

国会閉会中に行なった著者のお遍路は八十八カ所を巡るのに10年を要した。それは激動の10年。政権交代、総理就任、震災、原発事故、そして総理辞任、民主党下野まで。総理となった者は何を背負い歩き続けたのか。

### 成長なき時代のナショナリズム
萱野稔人

パイが拡大することを前提につくられてきた近代社会が拡大しない時代に入った21世紀、国家と国民の関係はどうなっていくのか。排外主義や格差の拡がりで新たな局面をみせるナショナリズムから考察する。

KADOKAWAの新書 好評既刊

## 真田一族と幸村の城

山名美和子

真田幸隆、昌幸、そして幸村の真田三代の跡を追い、幸隆が海野氏の血脈を継ぐ者として生を受けてから、幸村が大坂夏の陣で壮絶な最期をとげるまでの、およそ一〇〇年をたどる一冊。

## 習近平の闘い

中国共産党の転換期

富坂　聰

2013年、習近平は蔓延する官僚腐敗に対し「虎も蠅も罰する」と宣言した。大物（虎）も小物（蠅）も罰する、と。当初冷ややかに見ていた人民は、やがて快哉を叫ぶ。習近平は中国共産党の歴史を変えようとしていた。

## ギャンブル依存症

田中紀子

ギャンブル依存症は意志や根性ではどうにもならない、「治療すべき病気」である。この病気が引き金となった事件を知り、私たち日本人は学ばなくてはならない。この国が依存症大国から依存症対策国へと変わるために。

## 傍若無人なアメリカ経済

アメリカの中央銀行・FRBの正体

中島精也

為替相場はFRBの政策次第。日銀やECBの政策がどうあろうと、FRBが動けば、その方向に為替も動くのが世界経済の仕組みである。日米欧のキーマンたちによる金融覇権争いの姿を克明に再現する。

## 半市場経済

成長だけでない「共創社会」の時代

内山　節

競争原理の市場経済に関わりながらも、よりよき働き方やよりよき社会をつくろうとする「半市場経済」の営みが広がりはじめている。「志」と「価値観」の共有が働くことの充足感をもたらす共創社会の時代を遠望していく。